MARCO POLO

OSTSEEKÜSTE
MECKLENBURG-VORPOMMERN

Reisen mit
Insider-Tipps
Diese Tipps sind die ganz speziellen Empfehlungen unserer Autoren. Sie sind im Text gelb unterlegt.

Fünf Symbole sollen Ihnen die Orientierung in diesem Führer erleichtern:

★
für Marco Polo Tipps – die besten in jeder Kategorie

für alle Objekte, bei denen Sie auch eine schöne Aussicht haben

für Plätze, wo Sie bestimmt viele Einheimische treffen

für Treffpunkte für junge Leute

(108/A 1)
Seitenzahlen und Koordinaten für den Reiseatlas Ostseeküste
(O) *außerhalb des Kartenausschnitts*
Zu Ihrer Orientierung sind auch die Orte mit Koordinaten versehen, die nicht im Reiseatlas eingetagen sind.

Diesen Führer schrieb Bernd Wurlitzer. Der im Osten Berlins lebende freie Journalist sieht Mecklenburg-Vorpommern als seine zweite Heimat an. Er ist Autor zahlreicher Bücher und Reiseessays.

Die Marco Polo Reihe wird herausgegeben von Ferdinand Ranft.

Die aktuellsten Insider-Tipps finden Sie im Internet unter www.marcopolo.de

MAIRS GEOGRAPHISCHER VERLAG

MARCO POLO

Für Ihre nächste Reise gibt es folgende Titel dieser Reihe:

Ägypten • Alaska • Algarve • Allgäu • Amrum/Föhr • Amsterdam • Andalusien • Antarktis • Argentinien/Buenos Aires • Athen • Australien • Azoren • Bahamas • Bali/Lombok • Baltikum • Bangkok • Barbados • Barcelona • Bayerischer Wald • Berlin • Berner Oberland • Bodensee • Bornholm • Brasilien/Rio • Bretagne • Brüssel • Budapest • Bulgarien • Burgund • Capri • Chalkidiki • Chicago und die Großen Seen • Chiemgau/Berchtesgaden • Chile • China • Costa Blanca • Costa Brava • Costa del Sol/Granada • Costa Rica • Côte d'Azur • Dalmat. Küste • Dänemark • Disneyland Paris • Dolomiten • Dominik. Republik • Dresden • Dubai/Emirate/Oman • Düsseldorf • Ecuador/Galapagos • Eifel • Elba • Elsass • Emilia-Romagna • England • Erzgebirge/Vogtland • Finnland • Flandern • Florenz • Florida • Franken • Frankfurt • Frankreich • Franz. Atlantikküste • Fuerteventura • Gardasee • Golf von Neapel • Gomera/Hierro • Gran Canaria • Griechenland • Griech. Inseln/Ägäis • Hamburg • Harz • Hawaii • Heidelberg • Holl. Küste • Hongkong • Ibiza/Formentera • Indien • Ionische Inseln • Irland • Ischia • Island • Israel • Istanbul • Istrien • Italien • Italien Nord • Italien Süd • Ital. Adria • Ital. Riviera • Jamaika • Japan • Jemen • Jerusalem • Jordanien • Kalifornien • Kanada • Kanada Ost • Kanada West • Kanalinseln • Karibik I • Karibik II • Kärnten • Kenia • Köln • Königsberg/Ostpreußen Nord • Ko Samui/Ko Phangan • Kopenhagen • Korfu • Korsika • Kos • Kreta • Kuba • Languedoc-Roussillon • Lanzarote • La Palma • Leipzig • Libanon • Lissabon • Loire-Tal • London • Los Angeles • Lüneburger Heide • Luxemburg • Madeira • Madrid • Mailand/Lombardei • Malaysia • Malediven • Mallorca • Malta • Mark Brandenburg • Marokko • Masurische Seen • Mauritius • Mecklenburger Seenplatte • Menorca • Mexiko • Mosel • Moskau • München • Namibia • Nepal • Neuseeland • New York • Niederlande • Nordseeküste: Niedersachsen mit Helgoland • Nordseeküste: Schleswig-Holstein • Normandie • Norwegen • Oberbayern • Oberital. Seen • Österreich • Ostfries. Inseln • Ostseeküste: Mecklenburg-Vorpommern • Ostseeküste: Schleswig-Holstein • Paris • Peking • Peloponnes • Peru/Bolivien • Pfalz • Philippinen • Phuket • Piemont/Turin • Plattensee • Polen • Portugal • Potsdam • Prag • Provence • Rhodos • Riesengebirge • Rocky Mountains • Rom • Rügen • Rumänien • Russland • Salzburg/Salzkammergut • Samos • San Francisco • Sardinien • Schottland • Schwarzwald • Schweden • Schweiz • Seychellen • Singapur • Sizilien • Slowakei • Spanien • Spreewald/Lausitz • Sri Lanka • St. Petersburg • Südafrika • Südamerika • Südengland • Südsee • Südtirol • Sylt • Syrien • Taiwan • Teneriffa • Tessin • Thailand • Thüringen • Tirol • Tokio • Toskana • Tschechien • Tunesien • Türkei • Türk. Mittelmeerküste • Umbrien • Ungarn • USA • USA: Neuengland • USA Ost • USA Südstaaten • USA Südwest • USA West • Usedom • Venedig • Venetien/Friaul • Venezuela • Vietnam • Wales • Washington D. C. • Weimar • Wien • Yucatán • Zürich • Zypern • Die besten Weine in Deutschland • Die tollsten Musicals in Deutschland

Die Marco Polo Redaktion freut sich, wenn Sie ihr schreiben: Marco Polo Redaktion, Mairs Geographischer Verlag, Postfach 31 51, D-73751 Ostfildern

Unsere Autoren haben nach bestem Wissen recherchiert. Trotzdem schleichen sich manchmal Fehler ein, für die der Verlag keine Haftung übernehmen kann.

Titelbild: Halbinsel Fischland, Ahrenshoop (Schuster: Meier)
Fotos: Autor (20, 22, 24, 43, 62, 67, 79, 90, 93); Colorvision: Uthoff (4); W. Dieterich (10, 15, 17, 26, 48, 54, 57, 94); H. Lange (18); Mauritius: Mehlig (65), Rosing (13), Rossenbach (73), Schwarz (7, 31); Schapowalow: Comnet (76, 82), Horn (34, 80); Schuster: Meier (107); K. Thiele (53)

8., aktualisierte Auflage 2001 © Mairs Geographischer Verlag, Ostfildern
Chefredakteurin: Marion Zorn
Lektorat: Jochen Schürmann
Gestaltung: Thienhaus/Wippermann (Büro Hamburg)
Kartografie Reiseatlas: © Falk Verlag, Ostfildern

Printed in Germany
Gedruckt auf 100% chlorfreiem Papier

INHALT

Auftakt: Entdecken Sie die Ostseeküste! 5
Traditionsreiche Seebäder oder Hansestädte, Sandstrände oder Steilufer: Von Boltenhagen bis Ahlbeck wird Ihnen alles geboten

Geschichtstabelle 8

Stichworte: Bäderarchitektur und Leuchttürme 11
Dampfende Kleinbahnen gehören ebenso zu den Besonderheiten der Ostseeküste Mecklenburg-Vorpommerns wie Bernstein und Windflüchter

Essen & Trinken: Braden Maischull, Grog un Köm 19
Eine deftige Abwechslung zwischen den köstlichen Fischzubereitungen sind die süß-sauren Gerichte der Regionalküche

Einkaufen & Souvenirs: Buddelschiffe und Bernsteinketten 21
Das »Gold des Nordens« gilt als beliebtes Mitbringsel

Kalender: Orgelmusik und Zeesenbootsregatta 23
Feste und Veranstaltungen zum Zuhören, Zuschauen oder auch zum Mitmachen

Hotel- und Restaurantpreise 27

Wismar und die Wismarbucht: Noch vor 100 Jahren Eigentum Schwedens 27
Eine beschauliche Küstenregion mit dem Inselchen Poel und der kleinen Hansestadt Wismar

Rostock und Umgebung: Mit dem »Molli« zum Strand 35
Weiße Sandstrände, Steilküsten und viel Wald bieten einen kontrastreichen Rahmen zur Hansestadt Rostock

Fischland, Darß, Zingst: Halbinselkette mit Natur pur 49
Weite Sandstrände, urige Wälder und stille Dörfer

Stralsund, Rügen und Hiddensee: Bekannte Seebäder mit Tradition 63
Per pedes, Fahrrad, Schiff oder dampfender Kleinbahn zu unvergesslichen Landschaftserkundungen

Greifswald und Usedom: Die »Badewanne« der Berliner 77
Nostalgische Seebäder, verträumte Fischerdörfer, stille Achterwasserbuchten und monumentale Backsteinkirchen

Mit MARCO POLO ins Grüne 88

Routen an der Ostseeküste 96

Praktische Hinweise: Von Auskunft bis Wetter 100

Warnung: Bloß nicht! 105

Reiseatlas Ostseeküste 107

Register 119

Was bekomme ich für mein Geld? 120

Entdecken Sie die Ostseeküste!

Traditionsreiche Seebäder oder Hansestädte, Sandstrände oder Steilufer: Von Boltenhagen bis Ahlbeck wird Ihnen alles geboten

Viele unverwechselbare Bilder hält die 340 km lange Küste zwischen Boltenhagen und Ahlbeck bereit; zu den besonders schönen gehört die Aussicht vom Hochufer westlich des Ostseebades Ahrenshoop: Vorbei an rohrgedeckten Häuschen und Sanddornsträuchern schweift der Blick über den feinsandigen Strand auf die stahlgraue See. Nicht minder fasziniert der Anblick des Königsstuhls auf der Insel Rügen, Deutschlands wohl bekanntestem Aussichtsfelsen: Schneeweiß strahlt er in der Vormittagssonne über den hier urwüchsigen Steinstrand, eingerahmt vom Grün der Bäume.

Die Landschaft an der Ostseeküste Mecklenburg-Vorpommerns zeigt sich vielfach noch unverfälscht. Natur pur im wahren Sinne des Wortes! So kreisen auf der Halbinselkette Fischland, Darß, Zingst noch See- und Fischadler über den urwüchsigen Wäldern, und der Sturm formt an den naturbelassenen Stränden Kiefern zu pittoresken Gebilden, Windflüchter genannt. Von Jahr zu Jahr verändert die Meeresströmung den Küstenstreifen. Darßer Ort, der nördlichste Punkt der Halbinsel, ist das größte Anlandungsgebiet der südlichen Ostseeküste. Jährlich wächst Darßer Ort um etwa 10 m nach Nordosten.

Das Ahrenshooper Hochufer oder Kap Arkona, die Kreidefelsen der Stubbenkammer, der Darßer Urwald – längst sind sie keine Insidertipps mehr. Die Inseln Hiddensee und Rügen, Usedom und Poel allemal nicht. Zu den landschaftlichen Schönheiten kommt ein weiterer Superlativ: Der Deutsche Wetterdienst hat anhand der Aufzeichnungen der letzten 30 Jahre ermittelt, dass Usedom mit 1906 Sonnenstunden im Jahr Deutschlands sonnenreichste Region ist, gefolgt vom Kap Arkona auf Rügen mit 1825 Stunden. Seit der Vereinigung der beiden deutschen Staaten boomt in den Sommermonaten der Tourismus – von Boltenhagen im Westen bis Ahlbeck im Osten!

Wahrzeichen von Ahlbeck: die einzige historische Seebrücke an der deutschen Ostseeküste

Die Seebäder von Mecklenburg und Vorpommern besitzen Tradition, sie gehören zu den ältesten in Deutschland und viele von ihnen, wie z.B. Kühlungsborn, Warnemünde sowie Binz auf Rügen und Heringsdorf auf Usedom, wieder zu den renommiertesten. Die Geschichte der Badekultur begann 1793, als Seine Durchlaucht Herzog Friedrich Franz I. von Mecklenburg-Schwerin den Ort Doberan zur Sommerresidenz bestimmte und den nahen Heiligen Damm als Badeplatz wählte. In Heiligendamm, wegen seiner weißen klassizistischen Bauten »weiße Stadt am Meer« genannt, promenierten über ein Jahrhundert lang Herzöge und Grafen, auf Hiddensee fanden der Stummfilmstar Asta Nielsen, der Wissenschaftler Albert Einstein, der Dichter Gerhart Hauptmann und andere Prominente Erholung, in Heringsdorf gefiel es Deutschlands letztem Kaiser, aber auch Johann Strauß und Heinrich Mann. Rügen, Deutschlands größte Insel, begeisterte unter anderem den Maler Caspar David Friedrich, den Komponisten Johannes Brahms und den Erzähler Theodor Fontane.

Die meisten der Bäder entstanden vor mehr als 100 Jahren aus kleinen Fischerdörfern. Typisch sind für viele Orte zwei- und dreigeschossige Hotels, Pensionen und Villen mit verschnörkelten Türmchen, kunstvoll verzierten Loggien und korinthischen Säulen, kurz wilhelminische Bäderarchitektur genannt, weil die Häuser zu Zeiten der deutschen Kaiser namens Wilhelm entstanden. Zu dem Baustil gehört, wie Theodor Fontane vor mehr als 100 Jahren schrieb, »dass man an die Fronten der Häuser einen Glaskasten anklebt, der, unter den verschiedensten Namen auftauchend, als Balkon, Veranda, Pavillon, doch immer Glaskasten bleibt ... Diese gläsernen An- und Vorbaue«, so notierte Fontane, »sind wirklich ein Schatz.« Über solche Schätze verfügen fast alle Ostseebäder Mecklenburg-Vorpommerns. Die Bäderarchitektur hat Könige und Kaiser, zwei Weltkriege und die DDR überlebt. Mit ihr blieb viel vom Charme der großen Vergangenheit erhalten, sie gibt den Ostseebädern von Boltenhagen über Kühlungsborn, Binz und Sellin bis Ahlbeck ein unverwechselbares Gesicht.

Die raue Landschaft hat die Menschen der Küste geprägt. Sie sind gegen vorschnelle Worte und umgehende Entscheidungen, alles gehen sie mit einer gewissen Gelassenheit an. »Dat geit all nich so fix«, lautet ein oft gehörter Einwand. Dafür hält sie mancher Binnenländer für widerborstig und phlegmatisch, und das wiederum führt dann zu noch größerer Zurückhaltung. Sind die Mecklenburger und Vorpommern aber einmal aufgetaut, und hat man ihr Vertrauen gewonnen, erweisen sie sich als gute und zuverlässige Freunde. Gute Gastgeber sind sie allemal!

Reichtum war den Menschen dieser Region nie gegeben. Mecklenburg und Vorpommern gehörten zu den rückständigen Gebieten Deutschlands. Von Bismarck, dem ersten Kanzler des Deutschen Reiches, soll das berühmt gewordene Bonmot stammen: »Wenn die Welt untergeht, ziehe ich nach Mecklenburg, denn da passiert alles fünfzig Jah-

Jagdschloss Granitz auf der Insel Rügen: Aussicht bis nach Hiddensee

re später.« An der Ostseeküste haben wohl nur die Städte Wismar, Rostock, Stralsund und Greifswald zu den Zeiten der Hanse bessere Jahre erlebt. Mit ihren reichen Kunst- und Kulturschätzen sind sie allein schon eine Reise wert. Mittelalterliche Kirchen, Stadttore und Rathäuser künden von einstiger städtischer Macht, vom Selbstbewusstsein der Bürgerschaft. Die Schaufassade des Stralsunder Rathauses, das Doberaner Münster und die Pfarrkirchen St. Georg in Wismar, St. Marien in Rostock, St. Nikolai in Stralsund und der Dom in Greifswald zählen zu den Höhepunkten der Backsteingotik.

Das wirtschaftliche Karussell dreht sich seit dem Ende der DDR an der Ostseeküste von Mecklenburg und Vorpommern anders. Die Werften, der Fischfang und die Landwirtschaft haben an Bedeutung verloren, der Tourismus wurde zu einer wichtigen Erwerbsquelle. Die vorhandenen Hotels wurden fast alle mit enormen Investitionen modernisiert; unzählige neue sind hinzugekommen – zu viele, wird oft gesagt. Obwohl immer mehr Touristen die Ostseeküste von Boltenhagen bis Ahlbeck als Ziel wählen, sinkt aufgrund der ständig steigenden Bettenzahl die Auslastung. Manchen Hotelier plagt die Existenzangst, denn die Banken kennen selten Pardon; irgendwann muss jeder Kredit zurückgezahlt werden.

Rügen hat sich unlängst durchgerungen, dem Bauboom ein Ende zu bereiten. Die Obergrenze der Bettenzahl wurde im Verhältnis 1:1 zur Einwohnerzahl festgelegt. Gegenwärtig sind etwa 60 000 Betten sowie Stellplätze für Zelte und Wohnmobile vorhanden; die Einwohnerzahl der Insel beträgt knapp 75 000. Auf Usedom, in den drei Kaiserbädern Ahlbeck, Heringsdorf und Bansin, sieht man das anders. Hier wird ein Faktor von 1,5 bis 1,7 im Verhältnis Fremdenbetten zu Einwohnern angestrebt. Eine staatliche Förderung von Hotels gibt es nicht mehr. Der qualitative Ausbau ist angesagt, an touristischen Großprojekten entstehen

Geschichtstabelle

Um 500
Germanische Stämme verlassen das Gebiet, das 100 Jahre später Slawen besiedeln

1167
Slawenfürst Pribislaw wird von Heinrich dem Löwen als Lehensträger eingesetzt; er begründet die Dynastie der bis 1918 regierenden mecklenburgischen Herrscherhäuser

1168
Dänen zerstören auf Arkona die Jaromarsburg des slawischen Stammes der Ranen. Beginn der Christianisierung auf Rügen

1348
Der Kaiser erhebt die Fürsten Albrecht II. und Johann zu Herzögen von Mecklenburg

1370
Die Hanse und Dänemarks König schließen im Stralsunder Rathaus Frieden

1625
Das Herzogshaus Pommern-Wolgast erlischt, Pommern ist nach 330 Jahren wiedervereint

1628
Die Herzöge Mecklenburgs werden abgesetzt, Ernennung Albrecht von Wallensteins zum Herzog von Mecklenburg

1648
Schweden erhält im Westfälischen Frieden Teile des Landes, das südliche Vorpommern kehrt 1720, das nördliche 1815 zurück, der mecklenburgische Teil erst 1903

1793
Am Heiligen Damm bei Doberan wird Deutschlands erstes Seebad gegründet

1815
Verleihung des Großherzogtitels an die beiden mecklenburgischen Herrscherhäuser. Preußen bildet eine Provinz Pommern mit Vorpommern

1918/19
Beide mecklenburgischen Großherzogtümer werden demokratische Freistaaten

1945
Aus Mecklenburg, dem westlichen Teil Vorpommerns und dem rechtselbischen, Jahrhunderte zu Hannover gehörenden Amt Neuhaus entsteht das Land Mecklenburg-Vorpommern

1952
Mecklenburg wird in die Bezirke Rostock, Schwerin und Neubrandenburg gegliedert

1990
Beitritt der DDR zur Bundesrepublik Deutschland, das Land Mecklenburg-Vorpommern wird wieder gegründet

1995
In der Nacht zum 4. November verwüstet die schwerste Sturmflut der letzten 40 Jahre große Küstenbereiche; die Landabbrüche betragen bis zu 10 m

1999
In Stralsund öffnet der Hansedom, einer der größten Wasser-, Saunen- und Sportkomplexe Deutschlands

nur noch die in Planung befindlichen. Vorrang hat der Bau von Freizeiteinrichtungen wie Spaßbädern und Sporthallen, um die Sommersaison zu verlängern. Aber auch im Sommer beeinträchtigen Wolken und Regen den Strandbesuch, und Ostseetemperaturen von 18 Grad sind auch nicht jedermanns Sache.

Langeweile muss an Schlechtwettertagen und in der kühlen Jahreszeit aber auch heute schon nicht aufkommen, denn das Strandleben ist nur eine Seite des Küstenaufenthalts. In vielen Regionen wartet Einmaliges auf den Gast, so das Meeresmuseum in Stralsund und das Bernsteinmuseum in Ribnitz-Damgarten. Nicht zu vergessen das Hinterland mit seinen Seen, Wäldern und Hügeln. Dazwischen verstecken sich verträumte Dörfer mit rohrgedeckten, niedrigen Häusern, vor denen Gänse schnattern, und mit Kirchen, die in ihrem Inneren kunsthistorische Überraschungen bergen.

Die Menschen an der Ostseeküste haben erkannt, dass diese Landschaft – ein Geschenk der letzten Eiszeit – ein Kapital darstellt, das ihnen keiner nehmen kann. Die letzte (und erste frei gewählte) DDR-Regierung hatte Maßnahmen getroffen, die bizarre Landschaft mit der herrlich zerklüfteten Küstenlinie zu erhalten. Es entstanden etliche Schutzgebiete, so der nur 30 km² große Nationalpark Jasmund auf der Insel Rügen, der kleinste in der Bundesrepublik. Zu ihm gehören eine über 10 km lange und über 100 m hohe Steilküste. In diesem Park liegen der legendenumwobene Herthasee, die faszinierenden Wissower Klinken und der berühmte Königsstuhl. 805 km² groß ist der Nationalpark Vorpommersche Boddenlandschaft, von dem freilich etwa die Hälfte von Meeresfläche bedeckt ist. Er umfasst Inseln und Halbinseln, darunter Darß, Zingst, Hiddensee und Teile von Westrügen.

An Geschichte interessierte Touristen werden sich in das Biosphärenreservat Südost-Rügen aufmachen, um Großsteingräber zu entdecken. Allein auf der Insel Rügen gibt es 54 – eine solche Ansammlung an Megalithgräbern kann keine andere Region Deutschlands vorweisen. Bis zu 15 Tonnen wiegt mancher der Decksteine. Wen wundert es, wenn die Menschen einst meinten, nur Hünen könnten solche Steine transportiert haben. Daher heißen diese Begräbnisstätten aus Findlingsblöcken im Volksmund auch Hünengräber. Zu den meisten dieser bilderbuchgleichen Idyllen fern jeder Industrie führen kopfsteingepflasterte Alleen, über die schon die Truppen Napoleons geritten sein könnten.

Wer durch diese herbe Boddenlandschaft mit den schilfbewachsenen Uferrändern wandert, zwischen Wildrosen und Sanddorn den Flug der Möwen verfolgt, am Strand Bernstein und Muscheln sucht und von Leuchttürmen auf die Weite des Meeres schaut, wird dem Dichter Fritz Reuter zustimmen, der über seine Heimat urteilte: »As uns' Herrgott de Welt erschaffen ded, fung hei bi Meckelnborg an … und schön is't in'n Ganzen worden, dat weit jeder …« Gewiss dachte Reuter dabei auch an Vorpommern.

ineta

Bäderarchitektur und Leuchttürme

Dampfende Kleinbahnen gehören ebenso zu den Besonderheiten der Ostseeküste Mecklenburg-Vorpommerns wie Bernstein und Windflüchter

Arndt, Ernst Moritz (1769–1860)
Der in Groß Schoritz auf der Insel Rügen geborene Ernst Moritz Arndt setzte sich für die Aufhebung der Leibeigenschaft und die Einheit Deutschlands ein. Weil er offen gegen die napoleonische Fremdherrschaft auftrat, wurde ihm 1806 die Professur an der Universität Greifswald entzogen. Auf Rügen erinnern der Arndtturm in Bergen und das Ernst-Moritz-Arndt-Museum in Garz an den Publizisten und politischen Lyriker.

Bäderarchitektur
Sammelbegriff für ein Konglomerat verschiedener Baustile. Klassizistische Elemente, aber auch gotische Burgzinnen, hölzerne Erker und immer wieder neue Verandakonstruktionen oder Dachaufbauten und Türmchen geben der Phantasie dauernde Anregung. Dies und noch viel mehr kann man auf Entdeckungsspaziergängen an den kleinen Hotels und Pensionen, die um die Wende vom 19. zum 20. Jh. in vielen Seebädern erbaut wurden, finden. Besonders schöne Beispiele bieten Binz, Sellin und Göhren auf Rügen sowie Ahlbeck auf Usedom. Typisch sind vor allem verzierte Holzveranden und Balkone sowie antik gestaltete Säulen. Unausweichlich assoziiert man eine nahe Verwandtschaft zu alten englischen oder französischen Seebädern.

Phantasievoll-verspielte Bäderarchitektur: Hotel Vineta im Ostseebad Binz auf Rügen

Bernstein
Versteinertes Harz von Nadelbäumen, das älter als etwa eine Million Jahre ist, wird Bernstein genannt. Der Bernstein an der Ostseeküste Mecklenburg-Vorpommerns entstand vor etwa 40 Mio. Jahren aus den damals hier vorhandenen subtropischen Wäldern.

Insbesondere Nordweststürme spülen Bernstein an den Strand. Er lässt sich bohren, sägen und schleifen; poliert glänzt er fast wie Edelstein. Bernstein brennt mit heller, stark rußender Flamme. Bereits in ur- und frühgeschichtlicher Zeit war er als

Schmuckstein begehrt, wie Funde in Großsteingräbern belegen. Eine Blütezeit erlebte Bernsteinschmuck im Barock, als er ein begehrtes Diplomaten- und Hochzeitspräsent an den Fürstenhöfen war. Bernsteinstücke mit eingeschlossenen Pflanzenresten und Insekten, vornehmlich Fliegen und Mücken, werden als Inklusen bezeichnet. Das Bernsteinmuseum in Ribnitz-Damgarten und das kleinere Bernsteinmuseum in Sellin auf Rügen zeigen einige erstaunlich gut erhaltene Einschlüsse. Durch sie wissen wir, welche Insektenarten vor mehr als 40 Mio. Jahren in diesem Gebiet lebten.

Buddelschiff

Ein beliebtes maritimes Souvenir ist das Buddelschiff. Hinter dieser Binnenländern oft unbekannten Bezeichnung verbirgt sich ein maßstabsgerechtes Schiffsmodell in einer Flasche, die im Niederdeutschen Buddel heißt. Die Küstenlandschaft mit Seegang im Flascheninnern entsteht aus Kitt und Ölfarbe. Die aus Weichholz geschnitzten Schiffsteile und die Papiersegel werden mit Nadel und Faden zusammengenäht und als längliches Paket durch den Flaschenhals geschoben. Die Masten richten sich in der Buddel durch Ziehen an den Fäden auf.

Fauna

Zur Küste gehören die Möwen mit ihrem Gekreische. Sie brüten auf dem Boden, oft umfassen die Kolonien Tausende von Paaren. Am häufigsten sieht man die an ihrem roten Schnabel erkennbare Lachmöwe. Im Sommer besitzt sie eine schokoladenbraune Kopfmaske, die im Winter auf einen dunklen Fleck in der Ohrgegend des weißen Kopfes schrumpft. Die Silbermöwe kann durch den roten Punkt auf dem gelben Schnabel von der Sturmmöwe unterschieden werden. Die Region Westrügen-Bock-Zingst gilt als der bedeutendste Kranichrastplatz Mitteleuropas – bis zu 40 000 der beeindruckenden Großvögel rasten hier jeweils im Frühjahr und im Herbst.

Die Fischer fangen in der Ostsee vor allem Dorsch, Flunder oder Aal, in den Boddengewässern Hecht, Barsch und Zander. Im Frühjahr sammeln sich große Heringsschwärme im Greifswalder Bodden. Selten sind die Schweinswale geworden, die bis zu 180 cm groß werden und sich von Fischen ernähren. Ab und zu können Kegelrobben beobachtet werden.

Nach Sturmtagen liegen zu Tausenden die Schalen der weißen bis gelben Herzmuschel und die der dünnwandigen, weiß bis rosa gefärbten Pfeffermuschel am Strand. Häufig wird die an der schwarzen Schale erkennbare Miesmuschel angetrieben.

Im Wald leben Reh-, Rot- und Damwild sowie Wildschweine. Im Putbusser Wildgehege auf Rügen wird seit über 150 Jahren Rot- und Damwild unter naturnahen Bedingungen gehalten.

Findlinge

Die gewaltigen Gletscher der Eiszeit haben mächtige Felsbrocken, Findlinge genannt, zurückgelassen. Als Naturdenkmal geschützt sind jene, die ein Volumen von mehr als zehn Kubikmetern aufweisen. Der größte Findling an der Ostseeküste mit Namen *Buskam* liegt 200 m vor dem Strand von Göhren: Er hat ein Volumen von 600 m^3 und eine Höhe von 8,5 m, von denen jedoch nur 1,5 m aus dem Wasser ragen. Vor rund 4000 Jahren diente der Gneisblock kultischen Zwecken, später haben Mönche auf ihm ein Kreuz errichtet, weshalb er auch Mönchsstein genannt wird.

Flora

Typisch sind die angelegten Kiefernforste. Die von Weststürmen eigenartig verformten Kiefern, deren Kronen manchmal fast waagerecht zur windabgeschirmten Seite wachsen, werden *Windflüchter* genannt. Bei Nienhagen, westlich von Rostock, gibt es den *Gespensterwald.* Die bizarr geformten Bäume lassen mit ein wenig Phantasie Märchen- und Fabelwesen erkennen. Buchenwälder wachsen im Nationalpark Jasmund auf der Insel Rügen, dort gibt es auch unter Naturschutz stehende Orchideen, darunter den nach seiner pantoffelförmigen Blüte benannten *Frauenschuh.* Geschützt sind auch der Meerkohl, eine bis zu 70 cm hohe, buschartig verzweigte Pflanze, und die bis zu 40 cm hoch wachsende Stranddistel mit kugelartigen Blüten. Die immergrüne Stechpalme hat ein großes Vorkommen am östlichen Rand von Ahrenshoop.

Friedrich, Caspar David (1774–1840)

Die Bilder des in Greifswald geborenen Malers haben die Ostseeküste Vorpommerns weit über Deutschlands Grenzen hinaus bekannt gemacht. Das Geburtshaus Friedrichs fiel einem Brand zum Opfer, an den Standort erinnert nur noch eine Gedenktafel. Friedrich malte mit Vorliebe Naturerscheinungen sowie Landschaften. Zwei seiner berühmtesten Gemälde zeigen die Klosterruine Eldena seiner

Windflüchter: von Stürmen eigenartig verformte Kiefer

Geburtsstadt und Kreidefelsen auf Rügen. Die immer wieder aufgestellte Behauptung, der Künstler habe die Wissower Klinken gemalt, konnte anhand seiner Skizzen widerlegt werden. Das Bild zeigt die Viktoria-Sicht, wie sie zu Zeiten der Romantiker aussah. Sturm, Regen und Frost haben die Formen der Kreidefelsen seither gewaltig verändert. Das Pommersche Landesmuseum in Greifswald zeigt von dem Künstler sechs Ölgemälde und ein Aquarell. Friedrich war Mitglied der Berliner und der Dresdner Kunstakademie.

Hansestädte
Rostock, Stralsund, Wismar und Greifswald gehörten zu den mächtigsten Mitgliedern des Städtebunds der Hanse. 1990 besannen sie sich auf diese Tradition und tragen seither wieder den Beinamen Hansestadt – das H im Autokennzeichen verweist darauf.

Die Hanse, eine lockere, aber dauerhafte Vereinigung, veranstaltete ihre erste Zusammenkunft 1356 in Lübeck. Ihr Einfluss reichte von Brügge und London bis Nowgorod. Der Hanse gehörten zeitweise bis zu 200 Städte an. Der letzte Hansetag fand 1669 statt. An ihm nahm von den mecklenburgischen und vorpommerschen Hansestädten nur noch Rostock teil.

Inselstatistik
Rügen ist mit 926,4 km^2 Deutschlands größte Insel, gefolgt von Usedom mit 445 km^2, davon gehört der 90,8 km^2 große Ostteil seit 1945 zu Polen. An dritter Stelle der mecklenburgisch-vorpommerschen Inseln rangiert Poel mit 37 km^2, gefolgt von Ummanz mit 19,7 km^2 und Hiddensee mit 18,6 km^2.

Landeswappen
Für den mecklenburgischen Teil des Bundeslandes steht im kleinen Landeswappen ein schwarzer Stierkopf mit geöffnetem Maul, ausgeschlagener roter Zunge, goldener Krone, silbernen Hörnern und abgerissenem Halsfell. Erstmals kam der Stierkopf im Schild und Siegel von Fürst Nikolaus II. im Jahr 1219 vor. Den pommerschen Teil im Wappen verkörpert der rote Greif mit offenem Schnabel, ausgeschlagener roter Zunge, aufgerichtetem Schweif und goldener Bewehrung. Der Greif, das Zeichen der Pommernherzöge, wurde erstmals 1214 abgebildet. Als Landesfarben gelten Dunkelblau, Gelb und Hellrot für Mecklenburg und Dunkelblau und Weiß für Vorpommern.

Die Marco Polo Bitte

Marco Polo war der erste Weltreisende. Er reiste in friedlicher Absicht, verband Ost und West. Er wollte die Welt entdecken, fremde Kulturen kennen lernen, nicht zerstören. Könnte er heute für uns Reisende nicht Vorbild sein? Aufgeschlossen und friedlich sollte unsere Haltung auf Reisen sein. Dazu gehören auch Respekt vor Mensch und Tier und die Bewahrung der Umwelt.

WWF

Leuchttürme

Entlang der Ostseeküste Mecklenburg-Vorpommerns gibt es zehn Leuchttürme. Der älteste steht auf Kap Arkona (Insel Rügen), er ist auch der berühmteste, weil ihn Karl Friedrich Schinkel 1825 entworfen hat. Nachdem der Turm 1901 bis 1902 durch den daneben neu erbauten, runden Leuchtturm funktionslos geworden war, kam die Ausstattung in das Berliner Reichsverkehrsmuseum, wo sie in den Wirren des Zweiten Weltkrieges verloren ging. Das Blinkfeuer des Kap Arkonaer Leuchtturms ist etwa 40 km weit zu sehen, das des Leuchtturms auf dem Hiddenseer Dornbusch 45 km weit. Die Leuchttürme in Warnemünde, Wustrow, Darßer Ort, auf Kap Arkona und Hiddensee dürfen bestiegen werden.

Leuchtturm auf Hiddensee: Von ihm kann man bis nach Stralsund schauen

Molli

Dampflokomotiven ziehen die Oldtimerwagen des *Molli*, der von Bad Doberan über Heiligendamm zum Ostseebad Kühlungsborn dampft. Für die 15,4 km lange 900-mm-Schmalspurstrecke benötigen die Züge etwa 45 Minuten (siehe auch »Mit MARCO POLO ins Grüne«).

Ökologie

An der Ostseeküste von Mecklenburg-Vorpommern kann bedenkenlos gebadet werden, wie die regelmäßig entnommenen Wasserproben belegen. Dennoch gehört die Ostsee zu den ökologisch besonders gefährdeten Meeren, war sie doch bis in die jüngste Zeit für die Menschen nicht nur Badewanne, sondern auch eine riesige Mülldeponie und Abwasseranlage. Das meeresbiologische Gleichgewicht hat sich dadurch verändert, Stickstoff- und Phosphorverbindungen lassen im Oberflächenwasser die Algen unnatürlich wachsen, am Meeresboden dagegen stirbt vieles ab.

Die Anrainerstaaten beschlossen 1992, in den nächsten 20 Jahren das ökologische Gleichgewicht wiederherzustellen. Erste Ergebnisse sind bereits zu verzeichnen: So ist der Gehalt von Schwermetallen nicht mehr erwähnenswert. Auch die 1997 in Betrieb gegangene Swinemünder Kläranlage wird zur Gesundung der Ostsee beitragen. Genutzt wird sie nicht nur von dem polnischen Swinemünde und Gemeinden auf der Insel Wolin, sondern auch von den deutschen Seebädern Ahlbeck, Heringsdorf und Bansin.

Plattdeutsch

Nach dem Rückgang des Lateinischen war Plattdeutsch oder Niederdeutsch vom 14. Jh. an in Norddeutschland Amtssprache. Ab dem 16. Jh. nahmen der Adel und das Bürgertum das Hochdeutsche an; Plattdeutsch blieb die Umgangssprache der einfachen Menschen. Heute dient Plattdeutsch als Sammelbegriff für die verschiedenen, in Norddeutschland gesprochenen Dialekte, wobei das Mecklenburger und das vorpommersche Platt kaum Unterschiede aufweisen. Junge Menschen haben oft Probleme, Plattdeutsch zu sprechen, die Älteren an der Ostseeküste von Mecklenburg-Vorpommern verwenden es dagegen noch häufig. Binnenländern fällt es meist schwer, den Inhalt eines in Plattdeutsch geführten Gesprächs vollständig zu verstehen (ein paar begriffe finden Sie im Kasten »Kleines Wörterbuch Plattdeutsch-Hochdeutsch«, S. 61).

Rasender Roland

Der Volksmund gab der einzigen auf der Insel Rügen noch bestehenden Schmalspurbahn den amüsanten Namen *Rasender Roland.* Für die historische Strecke von Putbus bis zum Ostseebad Göhren benötigen die dampflokbetriebenen Züge rund 70 Minuten. Seit 1999 schnauft der Rasende Roland im Sommer vom Hafen in Lauterbach los; die Gleise wurden um 2,6 km verlängert (siehe auch »Mit MARCO POLO ins Grüne«).

Reuter, Fritz (1810–1874)

Als Student erreichte Fritz Reuter zwar keinen Universitätsabschluss, aber 1863 verlieh die Universität Rostock dem Nationaldichter Mecklenburgs die Ehrendoktorwürde. Einige seiner Werke hat Reuter im Ostseebad Boltenhagen verfasst. Bei Besuchen in Wismar wohnte er im Haus seines Verlegers Dethloff Carl Hinstorff. Als Hauptwerk des in Stavenhagen geborenen Reuter gilt die sozialkritische Versdichtung »Kein Hüsung«.

Rügendamm

Tausende von PKW und LKW quälen sich in den Sommermonaten im Schritttempo über die einzige Verbindung Rügens mit dem Festland. Die Kapazitätsgrenze des Damms ist schon lange erreicht, deshalb entsteht eine zweite Rügenanbindung. Bis zum Jahr 2005, wenn die Küstenautobahn fertig gestellt sein wird, soll es südlich des Rügendamms eine neue Brücke geben. Der eigentliche Damm misst 1,8 km; zusammen mit der 140 m langen Ziegelgrabenbrücke zwischen Stralsund und der kleinen Insel Dänholm sowie der 540 m langen Strelasundbrücke verbindet er die Insel Rügen mit dem Festland. Am 5. Oktober 1936 brauste als erster Schnellzug der D 14 Berlin–Stockholm über den Damm.

Seenotrettung

Seenotkreuzer liegen u. a. am Alten Strom in Warnemünde sowie im kleinen Hafen der Insel

Greifswaler Oie zwischen Rügen und Usedom. In Mecklenburg-Vorpommern unterhält die in Bremen ansässige Deutsche Gesellschaft zur Rettung Schiffbrüchiger (DGzRS) elf Stationen. Bis zu 400-mal im Jahr laufen hier die Seenotkreuzer aus, um Menschenleben auf hoher See zu retten. Gegründet wurde die DGzRS 1865 in Kiel. Die Gesellschaft finanziert sich nur durch freiwillige Beiträge und Spenden.

Störtebeker, Klaus (gest. 1401)
Den legendären »Robin Hood der Ostsee« beanspruchen insgesamt zwölf Städte und Dörfer für sich. Einer der Sagen zufolge ist er in Ruschvitz auf Rügen geboren, eine andere erzählt, in einer Höhle am Streckelberg bei Koserow auf Usedom habe er einen Schlupfwinkel besessen. Jedes Jahr in den Sommermonaten stürzt sich der berühmte Pirat auf der Ralswieker Freilichtbühne auf Rügen in neue Abenteuer. Die zur Aufführung kommenden Stücke erzählen von den großen Taten des Volkshelden, der im 14. Jh. auf Ost- und Nordsee operierte und im Jahre 1400 vor Helgoland gefangen und in Hamburg hingerichtet wurde.

Strandkorb
Der Rostocker Hofkorbmachermeister Wilhelm Bartelmann gilt als der Erfinder des Strandkorbs. 1882 baute er einer älteren, rheumakranken Dame einen mit Markisenstoff überdachten Rohrstuhl als Windschutz, der einem hochgestellten Wäschekorb glich. 1883 annoncierte Bartelmann im *Allgemeinen Rostocker Anzeiger*: »Badegästen empfiehlt Bartelmann Strandkörbe als Schutz gegen Sonne und Wind ...« Und seine Ehefrau eröffnete 1884 in Warnemünde den ersten Strandkorbverleih an der Ostseeküste. In Heringsdorf auf Usedom fertigt eine Fabrik noch Strandkörbe in traditioneller Handarbeit.

Strandkörbe an der Seebrücke in Kühlungsborn

Brügmann's
Bierstuben

Braden Maischull, Grog un Köm

Eine deftige Abwechslung zwischen den köstlichen Fischzubereitungen sind die süß-sauren Gerichte der Regionalküche

An warmen Sommertagen sind die Gaststätten mittags leer, man holt sich Fischbrötchen oder ein Stück Räucheraal frisch aus dem Rauch. Abends dann wird *ringespachtelt* oder *verposementiert*, wie man an der Küste sagt. Fisch befindet sich reichlich im Angebot. Gekocht wird er mit Petersiliensoße serviert, ansonsten kommt er gebraten oder in Butter gedünstet auf den Tisch. Empfehlenswert: *braden Maischull* (gebratene Scholle) und *kak't Boors* (gekochter Barsch). Vorzüglich schmecken auch *grüner* oder *sauer eingelegter Aal.*

Typisch für die deftige Küche des Landes sind süß-saure Gerichte. Zucker, Backpflaumen und Rosinen werden vielfältig verwendet. Unbedingt probieren sollte man *Mecklenburger Speckkartoffelsalat* oder den mit klein gewürfeltem, geräuchertem Speck, Kümmel und Salz bestreuten warmen *Mecklenburger Speckkuchen*, den Bäckereien neuerdings wieder anbieten. Eintopf ist seit jeher beliebt, wird aber von den meisten Gaststätten hartnäckig ignoriert. Auch *Labskaus* (Püree aus Kartoffeln und Pökelfleisch, dazu Heringsfilet und rote Bete), von fast allen Kochbüchern als typisches Mecklenburger Gericht genannt, steht selten auf den Speisekarten. Zum Nachtisch kommt die aus Beeren und Obstsaft hergestellte *rode Grütt* (rote Grütze) mit Vanillesoße auf den Tisch.

Wer sich in der kalten Jahreszeit nach einem Strandspaziergang unterkühlt fühlt, erhält zum Aufwärmen einen *Köm* (klarer Kümmelschnaps) oder einen *Grog*: Auf zwei Stück Zucker wird so viel Rum oder Weinbrand gegossen, bis das Glas zur Hälfte voll ist, dann wird mit siedend heißem Wasser aufgefüllt.

Wer von Einheimischen zum Essen eingeladen ist, sollte die Aufforderung abwarten: *Nu ät doch, lang doch tau* (Nun iss doch, lang doch zu). Nimmt er diese Worte aber zu genau, wird hinter seinem Rücken bestimmt getuschelt: *Hei frett, dat dat Mul schümt* (Der frisst, dass das Maul schäumt).

Bierstubenschild in Stralsund

ZUM KATEN
handwerk

Buddelschiffe und Bernsteinketten

Das »Gold des Nordens« gilt als beliebtes Mitbringsel

Die Auswahl an typischen Mitbringseln reicht von maritimen Stücken bis zu Landschaftsbildern. Nach wie vor beliebt sind die Buddelschiffe, von denen die kleinsten nur streichholzschachtelgroß sind. Das umfangreichste Angebot bieten wohl ein Geschäft im *Heringsdorfer Muschelmuseum* auf der Insel Usedom und der *Katen* in Sellin auf der Insel Rügen.

Wer Keramik liebt, sollte sich unbedingt die *Fischlandkeramik* aus Ahrenshoop oder die *Rügenkeramik* aus Putgarten/Arkona und Middelhagen näher anschauen; die schöne künstlerische Gestaltung und die gute Qualität lohnen den Preis.

Aber an erster Stelle rangiert in der Gunst der Touristen nach wie vor der Bernsteinschmuck; in Ribnitz-Damgarten finden Sie eine besonders große Auswahl. Schon die Römer liebten den Bernstein, wie uns der Geschichtsschreiber Tacitus überliefert hat. Heute ist der Bernsteinschmuck zum Glück für jeden erschwinglich. Wer mehr ausgeben möchte, der muss eine Goldschmiede auf der Insel Rügen oder in Stralsund aufsuchen. Dort gibt es verkleinerte Nachbildungen des berühmten Hiddenseer Goldschmucks als Brosche, Anhänger oder Ring. Der aus 16 Einzelteilen bestehende Brustschmuck entstand vermutlich vor 1000 Jahren. Im Original haben die Hängekreuze (mit einem stilisierten Vogelkopf als Hauptmotiv) eine Höhe von 6,4 bzw. 5 cm.

»Kommen, kieken, köpen« in Sellin

Die wertvollsten Souvenirs dürften jedoch immer noch jene sein, die man selbst am Strand findet, seien es versteinerte Seeigel, Bernstein oder Muscheln.

Zum Shopping fährt man am besten in die großen Städte, nach Wismar beispielsweise, dessen Einkaufsstraße sich hinter dem Markt befindet. In Greifswald konzentrieren sich die Geschäfte in der *Langen Straße* und dem sich anschließenden Teil, der *Schuhhagen* heißt. Rostocks Bummel- und Einkaufsboulevard ist die *Kröpeliner Straße*, in Stralsund findet man die meisten Geschäfte in der *Ossenreyerstraße*.

Orgelmusik und Zeesenbootsregatta

Feste und Veranstaltungen zum Zuhören, Zuschauen oder auch zum Mitmachen

In den Sommermonaten bieten die Küstenorte ein reiches Veranstaltungsprogramm. Fast überall finden Strand- und Neptunfeste, Kurkonzerte und Handwerkermärkte statt. Über die aktuellen Termine informieren die Touristikämter und Kurverwaltungen.

Zu kulturellen Höhepunkten des Bundeslandes wurden die beiden großen Musikfestivals *Festspiele Mecklenburg-Vorpommern* und *Musiksommer Mecklenburg-Vorpommern.* Die Festspiele bieten internationale Stars und einen Hauch von Exklusivität, der Musiksommer wartet vor allem mit einheimischen Orchestern und Künstlern auf; beide Musikfestivals finden in Backsteinkirchen, Gutshäusern und Schlössern statt.

Das wohl populärste Volksfest ist das *Tonnenabschlagen* auf der Halbinselkette Fischland, Darß, Zingst. Der historische Anlass rührt aus der schwedischen Besatzungszeit her. Als die letzte Tonne Fisch für die Steuer abgeliefert war, zerschlugen die Fischer aus Freude geschmückte Heringsfässer. Daraus entwickelte sich das *Tonnenabschlagen* zu Pfingsten. Um möglichst viele Touristen an diesem Fest teilhaben zu lassen, findet es heute im Sommer statt. Reiter versuchen, mit einem hölzernen Knüppel die frei schwebend angebrachte Holztonne zu zerschlagen.

Nicht minder beliebt ist das *Warnemünder Sommerfest,* zu dessen historischen Figuren der legendäre, 1913 verstorbene Lotsenkommandeur Stephan Jantzen gehört, der über 90 Menschen aus Seenot rettete.

Zu einem der größten maritimen Feste im Ostseeraum entwickelte sich die *Hanse Sail.* Mehr als eine Million Besucher sind jährlich in Rostock dabei. Aus etwa 40 seefahrenden Nationen kamen bislang die Schiffe, die an den Piers der Warnow festmachten. Etwa 200 Traditionssegler beteiligen sich jedes Jahr. Besonders beeindruckend ist die prachvolle Geschwaderfahrt auf der Warnow. Tausende von Besuchern nehmen an den Tages- und Abendtörns der Schiffe teil.

Im Doberaner Münster finden Orgelkonzerte statt

FEIERTAGE

Die katholischen Feiertage sind in in Mecklenburg-Vorpommern normale Werktage. Feiertage: *Neujahr, Karfreitag, Ostermontag, 1. Mai, Himmelfahrt, Pfingstmontag, 3. Oktober (Tag der Deutschen Einheit), 31. Oktober (Reformationstag), 1. und 2. Weihnachtsfeiertag*

BESONDERE VERANSTALTUNGEN

Mai

Der *Nordische Klang* in Greifswald macht Anfang des Monats mit der Kultur Nordeuropas vertraut. Das Programm reicht von Oper über Film bis zu Workshops.

Juni

Das *Putbus Festival* (bis 1997 Rossini Opern Festival) bietet auf Rügen Musik auf höchstem Niveau. Im Mittelpunkt steht die Musik von Rossini.

Bachwoche in *Greifswald*. Sänger und Instrumentalsolisten aus dem In- und Ausland, der Greifswalder Domchor und der Chor der Kirchenmusikschule gestalten diese Veranstaltung.

Die alte Handwerkskunst des Reepschlagens (Seilherstellung) wird auf zahlreichen Festen vorgeführt

Rhododendronfest in *Graal-Müritz* mit Wahl der Rhododendronkönigin am letzten Wochenende.

Juni bis September

★ *Festspiele Mecklenburg-Vorpommern, Musiksommer Mecklenburg-Vorpommern.* Kleine und große Konzerte mit einheimischen und internationalen Orchestern und Solisten.

Wolgaster Orgelsommer. Fast jede Woche donnerstags um 20 Uhr findet ein Konzert in der St.-Petri-Kirche statt.

★ *Störtebeker-Festspiele* mit rund 130 Mitwirkenden auf der Freilichtbühne am Großen Jasmunder Bodden in *Ralswiek* auf der Insel Rügen.

Die *Vineta-Festspiele* bieten Di, Do und Sa auf der Ostseebühne in Zinnowitz ein farbenfrohes Spektakel um die vom Meer verschlungene Stadt.

Juli

Eldenaer Jazz Evening in *Greifswald.* Am ersten Wochenende auf dem Gelände des Klosters Eldena.

Inselfestspiele auf *Poel* am dritten Wochenende.

★ Das *Sundschwimmen* in *Stralsund* findet am ersten Juliwochenende auf der 2,4 km langen Strecke von Altefähr auf der Insel Rügen zur Stralsunder Seebadeanstalt statt.

★ Traditionell veranstaltet *Warnemünde* in der ersten Monatshälfte sein *Sommerfest* mit dem *Warneminner Umgang.* Einen riesigen Spaß bietet das Waschzuberrennen auf dem Alten Strom.

★ Das Volksfest *Tonnenabschlagen* findet am zweiten Sonntag im Ostseebad *Wustrow* statt.

MARCO POLO TIPPS FÜR FESTE

1 Festspiele und Musiksommer
Konzertgenuss in schöner Umgebung (Seite 24)

2 Sundschwimmen
Traditionelles Langstreckenschwimmen von Altefähr auf Rügen nach Stralsund (Seite 24)

3 Warnemünder Sommerfest
Großer Festumzug und viel Gaudi beim Waschzuberrennen (Seite 24)

4 Störtebeker-Festspiele
Geschichten um den Robin Hood der Ostsee (Seite 24)

5 Tonnenabschlagen
Populäres Volksfest auf Fischland, Darß und Zingst (Seite 24)

6 Hanse Sail
Großsegler und Windjammer treffen sich in Rostock zum Stelldichein (Seite 25)

Wallenstein-Tage in *Stralsund*. Sie erinnern an den 24. Juli 1628, als die Truppen Wallensteins im Dreißigjährigen Krieg unverrichteter Dinge wieder abziehen mussten.

Fischerfest in *Greifswald-Wieck* am dritten Wochenende. Höhepunkte: die Gaffelrigg (Regatta mit historischen Segelbooten) und das Wetthangeln an einem Seil über den hier 50 m breiten Ryck. Ein Feuerwerk bildet den Abschluss.

Zum *Internationalen Folklore-Festival* verwandeln Tanz- und Folkloregruppen aus dem In- und Ausland den Marktplatz von Ribnitz-Damgarten in ein farbenfrohes Trachtenmeer (3. Wochenende).

August

Boltenhagener Seebrückenfest am ersten Wochenende mit Shows, Folkloreveranstaltungen, Kinderdisko und Feuerwerk.

★ Die *Hanse Sail* Rostock findet in der ersten Augusthälfte statt: ein Stelldichein von jeweils etwa 200 Traditionsseglern; dazu gibt's allerlei maritime und kulturelle Veranstaltungen im Stadthafen und in Warnemünde sowie eine Bummelmeile mit rund 150 Schaustellern und etwa 200 Markthändlern aus ganz Deutschland.

September

Internationaler Usedom-Marathonlauf von *Swinemünde* nach *Wolgast* über die Seebäderpromenaden und den Küstenradweg am ersten Samstag im Monat.

Zum *Usedomer Musikfestival* gastieren in der zweiten Monatshälfte Nachwuchskünstler aus dem In- und Ausland zu klassischen Konzerten.

Oktober

Der zum Volksfest gewordene *Kranichlauf* auf der Insel Ummanz startet an einem Samstag Anfang des Monats.

Dezember

Weihnachtsmärkte in *Wismar, Rostock, Stralsund* und *Greifswald*.

Alter Schwede

Noch vor 100 Jahren Eigentum Schwedens

Eine beschauliche Küstenregion mit dem Inselchen Poel und der kleinen Hansestadt Wismar

Die Hafenstadt Wismar mit einer Fülle von Baudenkmälern ist von einer fast naturbelassenen Landschaft umgeben. Westlich dehnt sich der Klützer Winkel mit kleinen Dörfern und der Wohlenberger Wieck aus, einem Teil der Wismarer Buch. Östlich trennt der Breitling – so wird kurioserweise der schmale Wasserstreifen genannt – die Insel Poel und das Festland.

Über 250 Jahre, bis 1903, gehörten Wismar und Poel zu Schweden. Der 150 km^2 große Klützer Winkel mit dem Ostseebad Boltenhagen wird scherzhaft auch *Speckwinkel* genannt, denn das Gebiet rund um das Städtchen Klütz gilt als eines der fruchtbarsten in Norddeutschland. Überall gibt es noch stille Ecken, in denen man ungestört die Küstenlandschaft mit ihren unverwechselbaren Eigenheiten genießen kann.

Der Alte Schwede in Wismar

BOLTENHAGEN

(108/C2) ★ Das am Westrand der Wismarbucht liegende Boltenhagen (2500 Ew.) kann den Ruhm beanspruchen, das drittälteste Ostseebad zu sein. Denn bereits 1803 stand hier der erste der damals üblichen Badekarren am Strand.

Hotel- und Restaurantpreise

Hotels

€€€:	über 100 Euro
€€:	70 bis 100 Euro
€:	bis 70 Euro

Die Preis gelten pro Nacht für zwei Personen im Doppelzimmer mit Dusche/WC und Frühstück in der Hochsaison.

Restaurants

€€€:	über 13 Euro
€€:	8 bis 13 Euro
€:	unter 8 Euro

Die Preise beziehen sich auf ein Hauptgericht ohne Vor- und Nachspeise und ohne Getränke.

MARCO POLO TIPPS FÜR WISMAR UND DIE WISMARBUCHT

1 Boltenhagen
Villenartige Ferienhäuser aus der Jahrhundertwende im zweitältesten Ostseebad (Seite 27)

2 Insel Poel
Sandstrände, Steilküste und weite Boddenlandschaft (Seite 29)

3 Wismars Marktplatz
Der größte in Mecklenburg-Vorpommern (Seite 32)

4 Alter Schwede
Gemütlichkeit und schummrige Atmosphäre im ältesten Bürgerhaus Wismars (Seite 32)

Der erste Berühmte, dem es in Boltenhagen gefiel, war Mecklenburgs Nationaldichter Fritz Reuter; von 1855 an wohnte und arbeitete er wiederholt in dem rohrgedeckten niederdeutschen Hallenhaus (17. Jh.) *Dünenstr. 13.* In *Alt-Boltenhagen* haben sich noch fünf weitere Hallenhäuser erhalten. Charakteristisch für Boltenhagen sind villenartige Ferienhäuser sowie ein Wald- und Wiesenstreifen zwischen dem Strand und der Mittelpromenade. Der besondere Stolz des traditionsreichen Familienbades ist die 1991 fertig gestellte, 290 m lange Seebrücke, an der auch Schiffsfahrten beginnen.

RESTAURANT/CAFÉ

Blinkfür
Maritimes Fischrestaurant mit hauseigener Räucherei. *Ostseeallee 64, Tel. 038825/22 1 14,* €€

Café Böhme
Schmackhafte Speisen, Eiskreationen und Kaffeespezialitäten in einer Villa. *Strandpromenade 43, Tel. 038825/226 69,* €€

ÜBERNACHTUNG

Kühne
Nette Pension mit Sauna und Solarium. Kinderfreundlich. *22 Zi., 3 Ferienwohnungen, Ostseeallee 92, Tel. 038825/295 01, Fax 213 99,* €–€€

Regenbogen Park
Kinderfreundlicher Ferienpark mit skandinavischen Ferienhäusern (für 4–6 Personen). *Ostseeallee 76, Tel. 038825/422 22, Fax 422 25,* €€

Seehotel Großherzog von Mecklenburg
Direkt am Strand liegendes, familienfreundliches Hotel mit Schwimmbad auf dem Dach. *150 Zi., Ostseeallee 1, Tel. 038825/500, Fax 505 00,* €€€

Villa Seebach
Liebevoll restauriertes Traditionshaus mit schickem Restaurant in Toplage. Acht kleine bis geräumige Apartments (18 bis 76 m²) mit Küchenzeile. *Mittelpromenade 28, Tel. 038825/ 31 50, Fax 31 555,* €–€€€

SPIEL UND SPORT

Der meist steinfreie Strand führt flach ins Meer. Am Strand stehen Tretboote zum Mieten bereit, Minigolf an der Mittelpromenade. In der *Ostsee-Therme, Ostseeallee*, wird in Meerwasser gebadet.

AUSKUNFT

Kurverwaltung
Ostseeallee 4, 23946 Ostseebad Boltenhagen, Tel. 038825/36 00, Fax 360 30, E-Mail Ostseebad-Boltenhagen@t-online.de

ZIELE IN DER UMGEBUNG

Dassow **(108/B 2)**
Zu DDR-Zeiten führte das Städtchen (3200 Ew.) ein Schattendasein, denn Dassow lag im Grenzgebiet, der Zutritt war Fremden nur mit Genehmigung gestattet. Heute fährt hierher, wer Komfortzimmer und Tafelfreuden sucht. Das verfallene Schloss Lütgenhof, von einem romantischen Park umrahmt, hat der Magenbitterkonzern Jägermeister in ein Juwel mit 22 Zimmern, Cafébistro und Restaurant verwandelt: *Hotel Schloss Lütgenhof, Ulmenweg 10, 23942 Dassow, Tel. 038826/82 50, Fax 825 22, €€€*. Sehenswert sind in der Stadt außerdem ein Speicher (1861) am Ufer der Stepenitz und die wuchtige Nikolaikirche (13./16. Jh.).

Klütz **(108/C 2)**
Sehenswürdigkeit in der kleinen Stadt (4000 Ew.) ist *Schloss Bothmer*, Mecklenburgs größter barocker Schlosskomplex. Das Blenheim Castle beim englischen Woodstock diente als Vorbild; der täglich zu besichtigende Barockpark dagegen ähnelt dem berühmten Großen Garten zu Herrenhausen in Hannover. Die auf einem Hügel stehende, frühgotische *Pfarrkirche* ist 700 Jahre alt. Die 1904 erbaute *Mühle* am nordwestlichen Stadtrand genießt als Gaststätte in der Region einen guten Ruf, *Tel. 038825/221 05, €€*.

Stellshagen **(108/C 2)**
Das 1924 erbaute, nach baubiologischen Maßgaben renovierte Gutshaus Stellshagen wurde Bio- und Gesundheitshotel; vegetarische Küche, nur für Nichtraucher! *26 Zi., 23948 Stellshagen, Tel. 038825/440, Fax 443 33, €€*

INSEL POEL

(109/D-E 1-2) ★ Das 37 km² große landschaftliche Eiland in der Wismarbucht bietet Sandstrände, Steilküste und eine weite Boddenlandschaft. Wegen der geringen Wassertiefe in den Uferbereichen ist die Insel vor allem bei Familien mit Kindern beliebt. Streng genommen dürfte sich Poel (2800 Ew.) gar nicht mehr Insel nennen, denn eine Brücke und ein Damm stellen die Verbindung zum Festland her. Vom Wall der ehemaligen Festung in der Nähe der Kirche bietet sich ein schöner Blick auf den Seglerhafen des Hauptortes *Kirchdorf*.

MUSEUM

Heimatmuseum
Volkskunde, Naturkunde, Fischerei gestern und heute in der 1806 erbauten Dorfschule. Informiert wird ebenfalls über die große Schiffskatastrophe am 3.

Mai 1945 in der Lübecker Bucht. 7000 Häftlinge aus dem Konzentrationslager Neuengamme, von den Nationalsozialisten auf vier Schiffe getrieben, kamen bei einem Luftangriff ums Leben. *Mai–Mitte Sept. Di–So 10–16, Mitte Sept.–April Di, Mi, Sa 10–12 Uhr, Möwenweg 4, Kirchdorf*

RESTAURANTS

Liesa von Laurien
Restaurant im Obergeschoss des Reiterhofes Plath. *Timmendorf, Tel. 038425/20780,* €€

Poeler Forellenhof
Vorzüglich der frische oder direkt aus der hauseigenen Räucherei kommende Fisch. *Niendorf, Tel. 038425/4200,* €

ÜBERNACHTUNG

Ferienresidenz Steinhagen
Ideal für jene, die naturnahe Erholung, dörfliche Abgeschiedenheit, aber niveauvolle Unterkunft mögen. Das völlig sanierte Gutshaus bietet 15 Ein- bis Drei-Raum-Ferienwohnungen (24–52 m²). *Wangern, Tel. 038425/4440, Fax 444111,* €–€€

Inselhotel Poel
Viele Möglichkeiten für Sport und Freizeit: Schwimmbad, Bogenschussanlage, Kunstrasen-Tennisplätze, Golf-Drivingrange, Bocciabahn und Weiteres. *50 Zi., Gollwitz, Tel. 038425/240, Fax 24222,* €–€€

Schwartz
Kleine Pension ohne Autolärm, bis zum Strand etwa 150 m. *5 Zi., 3 Ferienwohnungen, Gollwitz, Tel. 038425/20312,* €

Zur Seemöwe
Überrraschend, was es in dem alten Backsteingemäuer für hübsche Zimmer gibt. *14 Zi., Möwenweg 7, Kirchdorf, Tel. 038425/4070, Fax 40733,* €

SPIEL UND SPORT

Sandstrände gibt es in Timmendorf, Gollwitz und Am Schwarzen Busch. FKK-Strände befinden sich bei Hinter Wangern und in Gollwitz. Beliebte Surfreviere sind Hinter Wangern und Timmendorf. Der *Reiterhof Plath, Timmendorf,* bietet Kutschfahrten, Ausritte und Reitunterricht.

AUSKUNFT

Kurverwaltung
Wismarsche Str. 2, 23999 Kirchdorf, Tel. 038425/20347, Fax 4043, E-Mail insel-poel@t-online.de

WISMAR

☛ **Stadtplan in der hinteren Umschlagklappe**

(**109/E2–3**) Aus der Silhouette der 1226 gegründeten Stadt (49000 Ew.), die ihre schönste Seite dem Wasser darbietet, ragt der 700 Jahre alte Turm der Marienkirche als Wahrzeichen heraus. Etwa 400 Baudenkmäler gibt es in der Altstadt von Wismar, das zu den bedeutendsten Mitgliedern des Städtebunds der Hanse gehörte. »Südschweden« werden die Einwohner oft scherzhaft genannt, denn im Westfälischen Frieden 1648 waren Wismar und die Insel Poel in schwedischen Besitz geraten. Im Jahr 1803 verpfändete Schweden beide für 100 Jahre an den Herzog von Mecklenburg-Schwerin. Da das Pfand nicht eingelöst wurde, kehrten Wismar und Poel 1903 zu Mecklenburg zurück. An die Schwedenzeit erinnern u. a. die beiden so genannten *Schwedenköpfe* (bunt bemalte, gusseiserne Poller) vor dem barocken Baumhaus am Alten Hafen. Der Weg zu den Liegeplätzen der Schiffe führt am 500 Jahre alten Wassertor vorbei, dem letzten von einst fünf Stadttoren. Die Seebrücke ist in einer Länge von 330 m am Strand in Wendorf neu entstanden.

BESICHTIGUNGEN

Fürstenhof

Wohnsitz der mecklenburgischen Herzöge in der Stadt. Der prächtige Bau, der wie manch anderer noch auf seine Restaurierung wartet, ähnelt dem terrakottageschmückten Palazzo Roverella des Herzogs von Ferrara. Der Fürstenhof gehört zu den bedeutenden Bauwerken der Frührenaissance (16. Jh.) im Ostseegebiet (heute Amtsgericht und Stadtarchiv). *Vor dem Amtsgericht/Bliedenstraße*

Hanse Sektkellerei Wismar

Interessantes über die Sektherstellung und die Weintradition. Führungen durch museal eingerichtete historische Kellergewölbe (mit Verkostung und Verkauf). *Di–Fr 10–14 Uhr, Sa 14–17 Uhr, Turnerweg 4*

Marienkirchturm

Die zu Beginn des 14. Jhs. erbaute Ratskirche galt als einer der bedeutenden Backsteinbauten im norddeutschen Raum. Die Ruine der im Zweiten Weltkrieg zerstörten Kirche wurde 1960 abgetragen, stehen blieb nur noch der Turm. Das aus 14 Chorälen bestehende Glockenspiel erklingt um 12, 15 und 19 Uhr. Beachtung verdient auch das benachbarte, 500 Jahre alte *Archidiakonat*: ein wunderschönes Beispiel norddeutscher Backsteingotik. *Marienkirchhof/Sargmacherstraße*

Wismars Alter Hafen: Fischkutter, Barkassen, Passagierschiffe

Marktplatz

★ Mit einer Fläche von 100 x 100 m ist er der größte Marktplatz Mecklenburg-Vorpommerns. Markttreiben findet immer dienstags, donnerstags und samstags statt. Blickfang in der Südostecke des Platzes ist der pavillonartige, zwölfeckige Bau der *Wasserkunst*, den der niederländische Baumeister Philipp Brandin Ende des 16. Jhs. schuf. Er diente bis 1897 der Trinkwasserversorgung der Stadt. Die Nordseite des Marktplatzes nimmt das breit gelagerte klassizistische Rathaus ein. Im Rathauskeller ist die Ausstellung »Wismar – Bilder einer Stadt« zu sehen *(Di–Fr 10–17 Uhr, Sa 10–14, So 13–17 Uhr)*. Beachtenswerte Giebelhäuser zieren die Ost- und Südseite, herausragend das *Alter Schwede* genannte Bürgerhaus, das aus dem 14./15. Jh. stammt.

Nikolaikirche

Hervorragendes Beispiel norddeutscher Backsteingotik. Das Kirchenschiff misst 37 m und ist somit das dritthöchste ganz Deutschlands. Der Schnitzaltar aus der im Krieg zerstörten Georgenkirche (deren Wiederaufbau bis zum Jahr 2010 erfolgen soll) gehört mit einer Fläche von 10 x 4 m zu den monumentalsten seiner Art an der Ostseeküste. *Nikolaikirchhof*

MUSEUM

Stadtgeschichtliches Museum

Maritimes und Wissenswertes zur Stadtgeschichte im 400 Jahre alten prunkvollen Schabbell-Haus. *Mai–Okt. Di–So 10–20 Uhr, Nov.–April Di–So 10 bis 17 Uhr, Schweinsbrücke 8*

RESTAURANTS/CAFÉS

Alter Schwede

★ Seit 1878 bestehendes Restaurant mit internationaler Küche im ältesten Bürgerhaus von Wismar. *Am Markt 20, Tel. 03841/ 28 35 52, €€*

Brauhaus am Lohberg

Für die gute Stimmung an den blank gescheuerten Tischen sorgt das vorzügliche selbst gebraute Bier und freitags und samstags noch die Livemusik. Platzreservierung angebracht. *Kleine Hohe Str. 15, Tel. 03841/ 25 02 38, €*

Chez Fasan

Kleines, gemütliches Restaurant mit französisch orientierter Küche. *Bademutterstr. 19, Tel. 03841/ 21 34 25, €€*

To'n Ossen

Im Galerierestaurant des Hotels *Alter Speicher* wird Mecklenburger und internationale Küche serviert. *Bohrstr. 12 a, Tel. 03841/ 21 47 61, €€€*

To'n Zägenkrog

Schöne maritime Einrichtung, bekannt für schmackhafte Fischgerichte. Leider gibt es selten freie Plätze – nach Möglichkeit reservieren! *Ziegenmarkt 10, Tel. 03841/28 27 16, €€*

Zum Weinberg

Historische Gaststätte mit urgemütlicher Atmosphäre in einem stattlichen alten Giebelhaus. Über 300 Jahre alt ist die herrliche Diele mit Balkendecke, Galerie und Holztreppe. *Hinter dem Rathaus 3, Tel. 03841/28 35 50, €€*

EINKAUFEN

Die *Krämerstraße* und die *Lübsche Straße* sind den Fußgängern vorbehalten. Hier treffen sich die Urlauber aus der Umgebung zum Shopping. Monatliche Vernissagen von Ausstellungen zeitgenössischer Kunst finden in der *Galerie hinter dem Rathaus* statt. Jeden Samstag gibt es einen stimmungsvollen *Fischmarkt* am *Alten Hafen.*

ÜBERNACHTUNG

Privat-Hotel Alter Speicher
Stilvolle Hotelanlage in mehreren historischen Altstadthäusern. Ist es Ihnen zu teuer, fragen Sie nach preiswerten Touristenzimmern (ca. 60 Euro). Das Galerierestaurant *To'n Ossen* serviert feine Küche. *75 Zi., Bohrstr. 12 a, Tel. 03841/21 17 46, Fax 21 17 47,* €€–€€€

Altes Brauhaus
Ein um 1550 erbautes Brauhaus hat sich in ein kleines, hübsches Hotel verwandelt. *16 Zi., Lübsche Str. 37, Tel. 03841/21 14 16, Fax 28 32 23,* €€

Hotel Reingard
Ein originelles, sehr individuell eingerichtetes Haus in ruhiger Lage mitten im Stadtzentrum. Kein Zimmer gleicht dem anderen. *14 Zi., Weberstr. 18, Tel./Fax 03841/28 49 72, 21 34 95,* €–€

Jugendherberge
Ein großzügiges Außengelände umgibt die aus einem Kinderheim entstandene Jugendherberge von Wismar. *80 Betten, Juri-Gagarin-Ring 30 a, Tel. 03841/326 80, Fax 32 68 68,* €

SPIEL UND SPORT

Der *Sportpark Wismar, Hoher Damm 48,* bietet Tennis, Badminton, Squash, Bowling, Kegeln, Sauna und Solarium. 14 Bahnen gibt's im modernen *Bowling Center Wismar, Zum Siedehaus.*

AM ABEND

Im urigen Lokal mit dem historischen (!) Namen *Tittentaster,* das sich in einem mittelalterlichen Kellergewölbe direkt am Marktplatz etabliert hat, klingt der Tag stimmungsvoll aus. Im *Theater der Hansestadt, Philipp-Müller-Straße,* gastiert auch die *Niederdeutsche Bühne Wismar e. V.*

AUSKUNFT

Wismar-Information
Am Markt 11, 23966 Wismar, Tel. 03841/194 33, Fax 25 18 19, E-Mail touristinfo@wismar.de

ZIEL IN DER UMGEBUNG

Dorf Mecklenburg **(109/E 3)**
In Dorf Mecklenburg befindet sich die »Wiege des Landes«, denn von der einst mächtigen slawischen *Mikilinburg* erhielt es seinen Namen. Die Burg verfiel vor 600 Jahren, heute erinnert ca. 500 m südöstlich der Kirche eine mächtige Wallanlage an ihren ehemaligen Standort. Das *Agrarmuseum* hat geöffnet: *Mai–Okt. tgl. 10–15.30 Uhr, Nov.–April Mo bis Fr 10–16 Uhr.* In der *Windmühle* von 1849 etablierte sich auf drei Ebenen ein Restaurant, daneben entstand das *Hotel Mecklenburger Mühle* mit 40 Zimmern. *23972 Dorf Mecklenburg, Tel. 03841/3980, Fax 39 81 98,* €

Mit dem »Molli« zum Strand

Weiße Sandstrände, Steilküsten und viel Wald bieten einen kontrastreichen Rahmen zur Hansestadt Rostock

Seit über 100 Jahren dampft eine kleine Schmalspurbahn – der legendäre »Molli« – durch die Straßen von Bad Doberan. Berühmt wurde die einstige Sommerresidenz der Mecklenburger Herzöge durch eine gotische Klosterkirche, heute besser bekannt als Doberaner Münster. Auf halber Strecke nach Kühlungsborn liegt Doberans Seebad Heiligendamm, die »weiße Stadt am Meer«, in der 1793 das Badeleben an der Ostsee begann.

Lebhafter geht es heute am imponierenden Sandstrand des benachbarten Kühlungsborn zu, der Endstation von Molli. Kühlungsborn, das größte Ostseebad Mecklenburgs, ist besonders bei Familien mit Kindern beliebt. Dasselbe gilt für Rerik, das sein Gesicht sowohl zur Ostsee als auch zum Salzhaff zeigt.

Kunst und Kultur bietet vor allem die alte Hansestadt Rostock, die im Jahr 2003 die Internationale Gartenbauausstellung (IGA) ausrichten wird. Vom künftigen IGA-Gelände ist es fast nur ein Katzensprung bis zu Rostocks Badevorort Warnemünde, der mit kleinen Häusern, schmalen Kopfsteinpflastergassen und Dutzenden von Kuttern und Yachten am Alten Strom viel Atmosphäre bietet.

Wer Ruhe sucht, der lässt sich in Warnemünde mit der Fähre über den Neuen Strom nach Hohe Düne übersetzen. Dort, hinter Markgrafenheide, beginnt das große Waldgebiet der Rostocker Heide, das sich bis zum Ostseebad Graal-Müritz hinzieht.

Marienkirche in Rostock: Die Bauarbeiten sollen rund 400 Jahre gedauert haben

BAD DOBERAN/ HEILIGENDAMM

(110/C 2-3) Touristenanziehungspunkte der Stadt (11 700 Ew.) sind das Münster und die durch die Straßen dampfende Kleinbahn »Molli«. Parallel zu einer Lindenallee und am Mischwald *Großer Wohld* vorbei schnauft der Zug zunächst dem 6 km entfernten Ortsteil Heiligendamm zu. Das Schweriner Herzogshaus hatte Doberan zur Sommerresidenz erkoren, und am Heiligen Damm stiegen Durchlaucht und seine Gäste zum Bad in die Ostseefluten.

Das zu DDR-Zeiten heruntergewirtschaftete Heiligendamm wurde vom Bund an eine Kölner Immobiliengruppe verkauft. Die ließ aber wegen Finanzierungsproblemen die Häuser jahrelang leer stehen, die dadurch zunehmend verkamen. Im Sommer 2000 wurde endlich begonnen, das klassizistische Architekturensemble zu einem Ort der Reichen und Schönen zu machen, dessen Mittelpunkt ein Kempinski-Hotel bilden wird.

BESICHTIGUNGEN

Münster

★ Ein Kleinod norddeutscher Backsteingotik inmitten von Wiesen und Bäumen. Die 1294 bis 1368 errichtete dreischiffige Basilika hat viel Ähnlichkeit mit der Lübecker Marienkirche. Im Inneren der vor einigen Jahren restaurierten ehemaligen Klosterkirche gibt es eine Fülle von Kunstschätzen. Beeindruckend ist die Grabkapelle für den 1658 verstorbenen Herzog Adolf Friedrich und seine Frau: In einer Sandsteinloggia stehen die Verstorbenen als lebensgroße Holzfiguren in zeitgenössischer Hoftracht. Eine kunstgeschichtliche Kostbarkeit stellt der fast 700 Jahre alte vergoldete Hochaltar dar. *Klosterstraße*

Weiße Stadt am Meer

Wegen seiner weißen, klassizistischen Gebäude bekam Heiligendamm, das ein Ortsteil von Bad Doberan ist, den Beinamen »weiße Stadt am Meer«. An die Badgründung erinnert ein 220 t schwerer Granitstein am Kurhausplatz. Der Transport des Kolosses war 1843 eine technische Meisterleistung. Die Seebrücke entstand 1993 neu. Aus den Anfangsjahren des Seebades blieb das säulengeschmückte Kurhaus von 1814 erhalten. Bis Glanz und Glamour von einst wiederkommen, wird es noch eine Weile dauern. Vorerst bestimmen Baugerüste und Kräne das Bild von Heiligendamm.

Ehm-Welk-Haus

Wohnhaus des Erzählers und Dramatikers Ehm Welk, in dem dieser von 1950 bis zu seinem Tod im Jahre 1966 gelebt hat. Zu sehen ist das Arbeitszimmer des Autors von »Die Heiden von Kummerow« (1937) und »Die Gerechten von Kummerow« (1943). *Di–Fr 10–12, 13–16, Sa 14–16, Juni–Aug. auch So 14–16 Uhr, Dammchaussee 23*

Stadt- und Bädermuseum Möckelhaus

Nach Abschluss der Restaurierungsarbeiten wird wieder eine Ausstellung zur Geschichte des ersten deutschen Seebades zu sehen sein. *Beethovenstr. 8*

RESTAURANT/CAFÉ

Café Zikke

Kaffee und Kuchen in einem hübsch hergerichteten Innenhof. *Alexandrinenplatz 2, Tel. 038203/779 30, €*

Münsterstuben

Vier kleine, gemütlich eingerichtete Zimmer. *Beethovenstr. 19, Tel. 038203/623 84, €€€*

ÜBERNACHTUNG

Am Fuchsberg
Kleine Pension in etwas abseitiger Lage. Besonders junge Leute (aber nicht nur die) mögen das urgemütliche Giebelzimmer. 7 *Zi., Am Fuchsberg 7a, Tel. 038203/634 74, Fax 632 52, €*

Romantik-Hotel Friedrich-Franz-Palais
Traditionsreiches Haus im Zentrum. *35 Zi., August-Bebel-Str. 2, Tel. 038203/630 36, Fax 621 26, €€–€€€*

Jugendherberge
Das Haus liegt auf einem Berg am Waldrand. *124 Betten, Tempelberg, Tel. 038203/624 39, Fax 622 28, €*

AM ABEND

Das *Kamp-Theater (Severinstr. 4, Tel. 038203/62413)* vereint ein Bistro und ein Kino. *Orgelkonzerte* im *Doberaner Münster* von Mai bis September immer *Fr 19.30 Uhr.*

AUSKUNFT

Touristinformation
Goethestr. 1, 18209 Bad Doberan, Tel./Fax 038203/621 54, E-Mail touristinfo@bad-doberan.de

ZIELE IN DER UMGEBUNG

Nienhagen **(110/C 2)**
Stürme betätigten sich westlich von Nienhagen als Bildhauer und schufen bizarre Baumformen. Als Gespensterwald wird deshalb das *Nienhagener Holz* bezeichnet, an dessen Ostrand das *Hotel Nienhäger Strand* steht. *25 Zi., Am Meer 1, 18211 Nienhagen, Tel. 038203/811 88, Fax 811 77, €–€€*

Retschow **(110/C 3–4)**
Wie ging es einst auf den Bauernhöfen Mecklenburgs zu? Antwort darauf gibt der *Denkmalshof*

MARCO POLO TIPPS FÜR ROSTOCK UND UMGEBUNG

1. **Doberaner Münster**
Eine der bedeutenden Kirchen im Ostseeraum mit beachtlichen Kunstschätzen (Seite 36)

2. **Jagdschloss Gelbensande**
Mecklenburger Märchenschloss mit Geschichte (Seite 39)

3. **Bäderbahn »Molli«**
Kleinbahn mit echtem Dampf (Seite 39)

4. **Warnemünde**
Rostocks Ostseebad mit Atmosphäre (Seite 43)

5. **Schiffbaumuseum**
Ein 10 000-Tonnen-Hochseefrachter wurde Museum und Jugendgästeschiff (Seite 45)

6. **Zur Kogge**
Viel Atmosphäre in Rostocks ältester Schifferkneipe (Seite 46)

im Dorf Retschow, eine von Feldsteinen eingefriedete Hofanlage mit zwei rohrgedeckten Häusern aus dem 18. und 19. Jh. *Di–Sa 9–16 Uhr*

GRAAL-MÜRITZ

(111/E1) Traditionsreiches Seeheilbad, in dem Bronchial- und Herz-Kreislauf-Erkrankungen behandelt werden. Graal und Müritz entwickelten sich fast parallel zu Badeorten; 1938 wurden sie vereint, deshalb hat der Doppelort kein richtiges Zentrum. Eingerahmt wird das Seebad (3800 Ew.), das seit 1993 eine 350 m lange Seebrücke besitzt, vom Waldgebiet der Rostocker Heide und einem Hochmoor. Zur Zeit der Rhododendronblüte im Mai/Juni ist der Kurpark eine Augenweide.

BESICHTIGUNG

Kirche
Der Schweriner Großherzog veranlasste 1908 den Backsteinbau, mit dem Entwurf beauftragte er seinen Hofbaumeister Gotthilf Ludwig Möckel. Von Mai bis September finden monatlich wechselnde Ausstellungen unter der Orgelempore und vielfältige kulturelle Veranstaltungen statt. *Friedhofsweg*

MUSEUM

Heimatstube
Einheimische haben die vielen Exponate zur Verfügung gestellt, die über das frühere Leben informieren. *Mo, Di, Do 10–12.30, 13.30–17 Uhr, Fr 10–12 Uhr, jeden 2. und 4. Sa sowie So 14–16 Uhr, Parkstr. 21*

RESTAURANTS/CAFÉ

Caféstübchen Witt
Leckerer selbst gebackener Kuchen und Eis in einem rohrgedeckten Häuschen mit einem schönen, großen Garten. *Am Tannenhof 2*

Kapitänssalon Johann Rohde
Originelle maritime Einrichtung und gutes Essen. *Zur Seebrücke 35 (im 1. Stock des Hotels Ostseewoge), Tel. 038206/710, €€€*

Orangerie
Helles, freundliches Restaurant, sonntags wird ein Brunchbüfett angeboten. *Waldstr. 1 (im IFA Grand Hotel), Tel. 038206/730, €€*

ÜBERNACHTUNG

Haus am Meer
Ruhige Lage gleich hinter den Dünen, außerdem eine lohnende Essadresse. *32 Zi., Zur Seebrücke 36, Tel. 038206/73 90, Fax 739 39, €€*

IFA Grand Hotel
Allein stehend, mitten im Küstenschutzwald; Schwimmbad mit Erlebnisgrotte, Saunen. *106 Zi., Waldstr. 1, Tel. 038206/730, Fax 732 27, €€€*

Jugendherberge
Am Ortsrand, im Wald. 80 Betten. *An der Jugendherberge 32, Tel. 038206/775 20, Fax 772 04, €*

CAMPING

Camping Rostocker Heide
Naturbelassenes Mischwaldgelände hinter der Düne. FKK auf einem Teil des Strandabschnittes.

April–Sept. geöffnet, Tel. 038206/77580, Fax 79194

SPIEL UND SPORT

Ein fast 6 km langer, breiter Sandstrand verbindet die beiden Ortsteile Graal und Müritz. Östlich und westlich des Seebades haben die FKK-Fans ihr Refugium.

AUSKUNFT

Kurverwaltung
Rostocker Str. 3 (Haus des Gastes), 18181 Graal-Müritz, Tel. 038206/7030, Fax 70320, E-Mail tuk-graal-mueritz@t-online.de

ZIELE IN DER UMGEBUNG

Forst- und Köhlerhof Wiethagen **(111/E 2)**
Im Forst- und Köhlerhof sind zwei zum technischen Denkmal erklärte Teerschwelöfen zu sehen, die bis 1979 produzierten. In der alten Scheune entstand ein kleines *Forstmuseum. Zu erreichen von der B 105, in Rövershagen bei der Feuerwache abbiegen, April–Sept. tgl. 9–16, Okt.–März Mo–Fr 9–16 Uhr*

Jagdschloss Gelbensande **(111/E 2)**
★ Eins der schönsten Bauwerke in Mecklenburg-Vorpommern, zu dem der Zarensohn Michail Romanow 1885 den Grundstein legte. Die Schlosschronik verzeichnet 1904 die Verlobung der jüngsten Tochter des Großherzogs Friedrich Franz III., der Prinzessin Cecilie, mit dem ältesten Sohn des Kaisers, Kronprinz Wilhelm. Es gibt kleine Konzerte, Lesungen, Vorträge. *Auskunft: Tel. 038201/475. Führungen: Mo–Do 10–16, Sa, So 14–17 Uhr. Führungen zur Geschichte des Schlosses und seiner Bewohner Sa, So 14.15, 15.15, 16.15 Uhr*

Pilzmuseum Neuheide **(111/E 1)**
Mehr als 200 Pilze, präparierte sowie farblich nachgestaltete Abgüsse von Originalen, sind in ihren natürlichen Lebensräumen zu sehen. Jedes 1. Wochenende im Oktober große Frischpilzausstellung. Gezeigt werden auch präparierte heimische Tiere und eine Sammlung der schönsten Insekten der Welt. *Mai–Okt. Di–Sa 9–11, 14–17, So 9–11.30 Uhr, Nov. bis April Di–Fr 14–17, Sa 9–11.30, 14–17, So 9–11.30 Uhr, Ribnitzer Landweg 2*

KÜHLUNGSBORN

(110/B 2) Die Kleinbahn »Molli« entlässt hier ihre Fahrgäste in die »grüne Stadt am Meer«, wie sich Mecklenburg-Vorpommerns größtes Ostseebad (7200 Ew.) gern nennt. Zu Recht übrigens, denn Mischwälder umrahmen Kühlungsborn, und zwischen den mit einer 3 km langen Strandpromenade verbundenen Stadtteilen Ost (früher Brunshaupten) und West (früher Arendsee) erstreckt sich der 130 ha große Stadtwald. Die meisten der um die Jahrhundertwende im Stil der Bäderarchitektur erbauten Hotels und Pensionen haben die Zeit überdauert. Die 240 m lange Seebrücke wurde 1991 fertig gestellt.

BESICHTIGUNGEN

Bäderbahn »Molli«
★ Die liebenswert nostalgische Kleinbahn mit ihren fauchenden Dampflokomotiven ist nicht nur

für Eisenbahnfans eine Attraktion. Wer ein paar schöne Fotomotive sucht, dem bieten sich die Dampfrösser und Oldtimerwagen zum Fotografieren und Filmen an – vor allem am Bahnhof Kühlungsborn West, einem der Endpunkte der Strecke.

Kunsthalle
In dem Jugendstilbau von 1904 sind wechselnde Kunstausstellungen zu sehen, abends finden hin und wieder auch Talkshows, kleine Konzerte, Lesungen und andere Veranstaltungen statt. *Di bis So 13–18 Uhr, Ostseeallee 48*

RESTAURANTS/CAFÉ

Alte Backstube
Gemütliche Kneipe in der um 1900 errichteten Backstube. *Strandstraße/Ecke Doberaner Straße, Tel. 038293/121 22,* €

Fischkiste
Schmackhafte Fischgerichte in großer Auswahl, korrekter Service. *Dünenstr. 1 (Eingang Strandstraße), Tel. 038293/164 40,* €€

Röntgen
Der Deutsche Konditorenverband bescheinigte dem eleganten Café, »die hohe Schule der Konditorenkunst« bestens zu beherrschen. Was die Gäste täglich bestätigen. *Strandstr. 30 a, Tel. 038293/78 10*

Seeteufel
Nur vier Tische und zehn Plätze an der Bar bietet das Restaurant. Keine umfangreiche Speisekarte, aber gute Qualität. Platzreservierung in der Saison empfehlenswert. *Tannenstr. 9, Tel. 038293/129 00,* €€

ÜBERNACHTUNG

Morada Hotel Skan-Tours
Lebhaftes, kinderfreundliches Familienhotel mit Minigolf, Kegelbahn, Hallenbad mit Gegenstromanlage und Saunen. *383 Zi. und Apartments, Cubanzestr. 68, Tel. 038293/670, Fax 66 47,* €€

Polar-Stern
Jugendstilhaus an der Strandpromenade mit zeitgemäßem Komfort und dem empfehlenswerten »Steakbistro« *Bülow. 23 Zi., Ostseeallee 24, Tel. 038293/82 90, Fax 829 99,* €€

Ringhotel Strandblick
Liebevoll restauriertes und modernisiertes Haus in idealer Lage. *40 Zi., Ostseeallee 6, Tel. 038293/633, Fax 635 00,* €€–€€€

Schloss am Meer
Hotel garni im Stil der Bäderarchitektur. Toplage direkt am Strand. *27 Zi., Tannenstr. 8, Tel. 038293/853 00, Fax 853 06,* €€

Zum Strandkorb
Hotel garni mit 20 Ferienwohnungen und Hotelzimmern. *Hermannstr. 11, Tel. 038293/83 40, Fax 834 99,* €–€€

Jugendherberge
In der Nähe des Stadtwaldes, 300 m bis zum Strand. *124 Betten, 10 Familienzimmer, Dünenstr. 4, Tel. 038293/172 70, Fax 172 79,* €

CAMPING

Campingpark Kühlungsborn
Naturbelassenes Dünen- und Waldgelände, *geöffnet April–Okt., Mittagsruhe 12–14 Uhr, Waldstraße, Tel. 038293/71 95, Fax 71 92*

SPIEL UND SPORT

Feiner, flach ins Meer verlaufender Sandstrand von 50 m Breite, in Richtung Heiligendamm ein großer Abschnitt für FKK. Tennis auf 7 Plätzen, *Am Lindenpark*. *Meerwasserschwimmhalle* mit Sauna: *Ostseeallee 44*. Im benachbarten Wittenbeck gibt es eine Golfanlage mit 9-Loch-Platz und Drivingrange.

AUSKUNFT

Kurverwaltung
Ostseeallee 19, 18225 Ostseebad Kühlungsborn, Tel. 038293/84 90, Fax 849 30, E-Mail info@kuehlungsborn.de

RERIK

(110/A 3) Malerisch zwischen Ostseeküste und Salzhaff liegt das ehemalige Fischerdorf Alt Gaarz, das 1938 zur Stadt erhoben wurde und den Namen Rerik (2000 Ew.) bekam. Das Familienbad wartet mit Flach- und Steilküste sowie Naturstrand und in der Umgebung mit Wald und Feldern auf. Die 170 m lange und nur 2,5 m breite Seebrücke entstand 1991/92. Vom Aussichtspunkt Schmiedeberg haben Sie einen besonders schönen Blick, auch auf die Halbinsel Wustrow. Die hatte 1933 die Reichswehr gekauft und darauf eine Flakartillerieschule errichtet, 1949 bis 1994 nutzte die östliche Siegermacht des Zweiten Weltkriegs das Gelände als Stützpunkt. Die Halbinsel steht zum Teil unter Naturschutz, der andere Teil soll in ein Feriendorf mit Yachthafen und eine Wohnanlage umgewandelt werden.

BESICHTIGUNGEN

Großsteingräber
Beleg für die frühe Besiedlung dieser Gegend sind mehrere etwa 4000 Jahre alte Großsteingräber, so der »Urdolmen von Neu Gaarz« an der Straße zum Ortsteil Meschendorf. Schilder an den Steingräbern geben nähere Informationen.

Pfarrkirche St. Johannes
Eine der schönsten frühgotischen Landkirchen an der mecklenburgischen Ostseeküste. Der Legende nach soll die dänische Königin Margaretha sie im 13. Jh. gestiftet haben. Überaus sehenswert ist die barocke Ausmalung (1668) des Meisters Hinrich Greve aus Wismar.

MUSEUM

Heimatmuseum
Interessantes zur Fischerei, zur Seefahrt und zum bäuerlichen Leben. *Mitte Mai–Mitte Sept. Di, Mi, Fr 10–12, 14–17, Do, Sa 14–17, So 15–17 Uhr, Mitte Sept.–Mitte Mai Di 10–12, 14–17, Mi, Do 14 bis 17, Fr 10–12, Sa, So 14–16 Uhr, Dünenstr. 4*

RESTAURANTS

Blüsefeuer
Gemütliches, einer Hansekogge nachempfundenes Restaurant mit frischem Fisch im Angebot. *Liskowstr. 2, Tel. 038296/739 12,* €€

Kösterschün
Ideal, um den Tag bei einem Schoppen Wein ausklingen zu lassen. *Dünenstr. 4, Tel. 038296/782 71,* €€

Petra
Wenn es Scholle gibt, sollten Sie sie bestellen! *Leuchtturmstr. 4a, Tel. 038296/13 90, €*

Zur Linde
Die Wikingerplatte für zwei Personen bietet nicht nur allerlei Meeresgetier, sondern auch etwas fürs Auge. *Leuchtturmstr. 7, Tel. 038296/791 00, €€*

ÜBERNACHTUNG

Am Alt-Gaarzer Eck
Kleines Hotel am Ortseingang. *22 Zi., Kröpeliner Str. 8, Tel. 038296/71 60, Fax 716 66, €–€€*

Ferienapartments Am Salzhaff
32 gut ausgestattete Ferienapartments (30–60 m^2) für 2 bis 6 Personen; Schwimmbad, Sauna, Solarium und Bundeskegelbahn. *Liskowstr. 2, Tel. 038296/73 90, Fax 739 11, €€*

Haffidyll
Pension mit familiärer Atmosphäre am Haff. *22 Zi., Haffstr. 13, Tel./Fax 0038296/70456, €–€€*

Ostseeresidenz Hotel Gendarm
Hotel garni mit 18 großzügigen Apartments für 2 bis 5 Personen, etwa 4 km bis Rerik. Ruhige Lage, ideal für Familien mit Kindern; Kindertobeplatz, Sauna. *Hauptstr. 5, 18230 Wischuer, Tel. 038294/70 00, Fax 700 94, €€*

CAMPING

Ostseecamping Seeblick
Oberhalb der Steilküste nordöstlich des Ortes. Ganzjährig geöffnet, behindertengerecht. *Mittagsruhe 13–15 Uhr, Tel. 038296/784 80, Fax 783 78*

SPIEL UND SPORT

An der Ostsee gibt es einen Sandstrand und am Salzhaff einen Naturstrand, an dem die geringe Wassertiefe für Kinder ideal ist. Am Salzhaff finden Surfer beste Bedingungen. Das Schwimmbad in der Anlage *Ferienapartments Am Salzhaff* steht am Nachmittag allen Feriengästen zur Verfügung.

AUSKUNFT

Kurverwaltung
Dünenstr. 7, 18230 Ostseebad Rerik, Tel. 038296/784 29, Fax 78513, E-Mail Ostseebad-Rerik@t-online.de

ZIEL IN DER UMGEBUNG

Stove **(110/A 4)**
1976 ist die Windmühle des Dorfes in »Pension« gegangen und wurde *Museum*. Sie ist ein der wenigen entlang der Ostseeküste, deren Windkraftanlage auch nach der Stilllegung funktionstüchtig erhalten blieb. *April bis Okt. Di–So 10–16 Uhr, Juli, Aug. tgl. 10–18 Uhr, Mi Mahltag (9–12 Uhr)*

ROSTOCK MIT WARNEMÜNDE

☛ **Stadtplan in der hinteren Umschlagklappe**
(111/D–E 2–3) Wer vor der wuchtigen Marienkirche steht oder gar im Inneren die Kunstschätze betrachtet, kann den früheren Reichtum der Hansestadt gut erahnen. Der Spaziergang vom Neuen Markt durch die Fußgängern vorbehaltene Kröpeliner Straße zum Universitätsplatz führt an geschichtsträchtigen Häusern der Werft- und Hafenstadt vorbei. Durch den 1957 be-

Eine Atmosphäre der Leichtigkeit am Brunnen der Lebensfreude in Rostock

gonnenen Bau des Seehafens bekam Rostock (200 000 Ew.) Anschluss an die internationale Schifffahrt.

★ 1323 hat Rostocks Rat dem Fürsten von Mecklenburg das Fischerdorf *Warnemünde* abgekauft, dadurch erhielt die Stadt einen eigenen Badeort. Durch die Trabantenstädte Lütten Klein und Evershagen ist Warnemünde aber längst an das Stadtzentrum angebunden. Die S-Bahn bringt die Pflastermüden vom Rostocker Zentrum in 25 Minuten fast bis zum Strand. Erlebnisreicher ist die Fahrt von Rostock nach Warnemünde mit dem Schiff.

Mit dem Schiff wird auch die Internationale Gartenbauausstellung (IGA) zu erreichen sein, die im Jahr 2003 stattfindet. Mit Rostock tritt erstmals der östliche Teil Deutschlands aufs internationale Parkett der Gartenbaukunst. Am Warnowufer im Nordwesten der Stadt, zwischen den Satellitenstädten Groß, Klein und Schmarl, wird der IGA-Park errichtet. Die Attraktion werden »schwimmende Gärten« sein, Pontons, auf der Warnow, die Kostbarkeiten der Gartenkunst zeigen. Traditionelle Parklandschaft und Naturflächen sollen 70 Prozent des Geländes der IGA prägen, die nur alle zehn Jahre stattfindet. In Rostock werden über drei Millionen Besucher erwartet, mehr als 2000 Veranstaltungen sind geplant.

Wer gesehen werden möchte, promeniert in Warnemünde am Alten Strom mit seinen typischen Glasverandahäuschen entlang. Über dem Wasser hängt ständig der Duft von frisch Geräuchertem, denn mancher Kutter wurde zu einer Räucherei umgerüstet. Von der 541 m langen Westmole kann man den vorbeiziehenden weißen Fährschiffen nachschauen.

BESICHTIGUNGEN

Alter Strom

An der ehemaligen Warnemünder Hafeneinfahrt beginnen Rundfahrten durch den Überseehafen und Hochseefahrten, dort verkaufen Fischer auch frischen Fisch vom Kutter. Die einstigen Fischerhäuschen beherbergen Cafés, Kneipen und Geschäfte.

Botanischer Garten

Die Anlage in Rostock hat eine fast 400-jährige Tradition, im Freigelände wachsen auf ungefähr 8 ha etwa 1200 Pflanzenarten aus aller Welt. Das Alpinum ist das größte im Osten Deutschlands. *Di–Fr 7–15.45 Uhr (im Sommer bis 18 Uhr), Sa, So 9–16 Uhr (im Sommer bis 18 Uhr), Hamburger Str. 28. Gewächshäuser Mo bis Do 10–12, 13–15 Uhr, Doberaner Str. 143*

Marienkirche

Die Bauarbeiten an Rostocks monumentalster Kirche dauerten 400 Jahre. Im Inneren tickt hinter dem kunstvollen Rochusaltar eine astronomische Uhr. Das Kalendarium der 1472 vollendeten Uhr reicht bis zum Jahr 2017. Jeden Tag läuft beim 12-Uhr-Schlag der Apostelumgang ab, zu jeder vollen Stunde erklingt ein Glockenspiel. Die fast 3 m hohe Bronzetaufe gilt als künstlerisch bedeutendste im Ostseegebiet. Bereits 1290 wurde sie hergestellt. Wer von einem Kirchturm auf Rostock blicken möchte, sollte zur Petrikirche am Alten Markt gehen.

Neuer Markt

Beherrschendes Gebäude auf diesem Platz ist das 700 Jahre alte *Rathaus*. Ein barocker Vorbau von 1727 verdeckt jedoch die gotische Fassade, sieben Türme sind nur noch zu sehen. Die Giebelhäuser an der westlichen Marktseite blieben glücklicherweise zum großen Teil von den Kriegszerstörungen im Zweiten Weltkrieg verschont. Man sollte unbedingt einige Schritte rechts hinter das Rathaus gehen. Dort steht nämlich das *Kerkhofhaus*, eines der bedeutenden und frühen Giebelhäuser in Mecklenburg-Vorpommern. Bürgermeister Berthold Kerkhof ließ es sich um 1470 errichten.

Seehafen

Das ehemals als Grenzgebiet von der Bevölkerung abgeschottete »Tor der Welt« ist seit der Einheit weltoffener Handelsplatz. Der Universalhafen mit einer Kailänge von 9 km bietet 45 Schiffsliegeplätze. Rundfahrten durch die verschiedenen Hafenbecken ab Rostock *am Kapuzenhof*, in Warnemünde ab *Alten Strom*.

Universitätsplatz

Der dreieckige Platz bekam seinen Namen vom schön renovierten Universitätshauptgebäude. Im Palais wohnte die Schweriner Herzogsfamilie während ihrer Rostock-Besuche. Vom Fünf-Giebel-Haus erklingen Melodien eines Glockenspiels. Zwischen den einzelnen plastischen Gruppen des beckenlosen *Brunnens der Lebensfreude* kann man hindurchlaufen. Die überlebensgroße Bronzefigur des in Rostock geborenen berühmten Feldherrn der Befreiungskriege, Gebhard Leberecht von Blücher, steht seit über 150 Jahren in der kleinen Grünanlage.

Warnemünder Leuchtturm
Der 37 m hohe Leuchtturm steht seit fast 100 Jahren nahe der Warnemünder Hafeneinfahrt. Von der Aussichtsterrasse haben Sie einen weiten Blick. *Mai–Sept. tgl. 10–19 Uhr*

Zoologischer Garten
In Mecklenburg-Vorpommerns größtem Zoo leben etwa 2000 Tiere aus allen Erdteilen. Nicht versäumen sollten Sie die Fütterung der Seebärenfamilie: *tgl. 10.30, 11.30 und 15.30 Uhr. April bis Sept. 9–17 Uhr, Okt.–März bis 16 Uhr, Rennbahnallee*

MUSEEN

Kulturhistorisches Museum
Im Kloster zum Heiligen Kreuz sind u. a. Werke holländischer Maler und eine Ausstellung zur Stadtgeschichte zu sehen. *Di–So 9–18 Uhr, Klosterhof*

Kunsthalle
Deutsche Kunst des 20. Jhs.; vertreten sind u. a. Christian Rohlfs, Oskar Schlemmer und Otto Niemeyer-Holstein. *Mi–So 10–18 Uhr, Hamburger Str. 40*

Museum Warnemünde
Ausstellung über die frühere Lebensweise der Fischer und Seeleute in einem Fischerhaus von 1762. *April–Sept. Mi–So 10–18 Uhr, Okt.–März Mi–So 9–17 Uhr, Alexandrinenstr. 31*

Schifffahrtsmuseum
Von der Hanseschifffahrt bis zur Gegenwart. Über 100 Modelle historischer Schiffe. *Di–So 10–18 Uhr, August-Bebel-Str. 1*

Schiffbaumuseum
★ 10 000-Tonnen-Frachtschiff. Fast alle technischen Einrichtungen können besichtigt werden. Gaststätte an Bord. Im Vorgelände liegt der Schwimmkran »Langer Heinrich« von 1890. *Di–So 10–18 Uhr, Liegeplatz an der Unterwarnow, Stadtteil Schmarl*

RESTAURANTS/CAFÉS

Birnbom
Viele Erinnerungsstücke an vergangene Zeiten verbreiten romantische Atmosphäre, im Sommer lädt der idyllische Innenhof zum Kaffee unterm Birnenbaum und zu Veranstaltungen ein. *Alexandrinenstr. 30, Warnemünde, Tel. 0381/54 81 60, €€*

Borwin-Hafenrestaurant
Direkt an der Bummelmeile des Stadthafens gelegen, werden vor allem Fischgerichte und ein toller Blick auf die Warnow und den Yachthafen geboten. *Am Strande, Tel. 0381/542 50, €€€*

Café Wegner
Vorzüglicher Kuchen aus eigener Herstellung. *Schulstr./Ecke Alexandrinenstraße, Warnemünde, Tel. 0381/526 76*

Meyers Mühle
Restaurant, Schenke und Café im Gemäuer einer 1866 erbauten Mühle, die erst 1991 den Mahlbetrieb einstellte. *Mühlenstr. 44, Warnemünde, Tel. 0381/542 50, €€*

Seekiste zur Krim
Historische Seefahrerkneipe. *Okt.–April Mo–Fr erst ab 17 Uhr, Am Strom 47, Warnemünde, Tel. 0381/52114, €€*

Zur Kogge
★ Rostocks älteste Seemannskneipe (seit 1856) ist zwar längst kein Geheimtipp mehr, aber immer noch urgemütlich. Liebhaber von Fisch und Deftigem kommen hier auf ihre Kosten. *Wokrenter Str. 27, Tel. 0381/4934493, €*

EINKAUFEN

Die den Fußgängern reservierte *Kröpeliner Straße*, die *Steinstraße* und die *Lange Straße* sind Rostocks Einkaufsstraßen. Am Rand des Universitätsplatzes versteckt sich hinter dem Neorenaissancehaus Nr. 26 die *Galerie Rostocker Hof* mit mehr als 40 Geschäften und Restaurants unter einer großen Glaskuppel. Durch das Haus Kröpeliner Straße 19 erreicht man den *Hopfenmarkt*. In Warnemünde sind viele Läden und Boutiquen am *Alten Strom* zu finden.

ÜBERNACHTUNG

Arkona Hotel Zur Sonne
124 Zimmer und Suiten mit Designermöbeln; Wellnessbereich. *Neuer Markt 2, Tel. 0381/49730, Fax 4973351, €€€*

Best Western Hanse-Hotel
Ideale Lage direkt hinter den Dünen; 74 geschmackvoll eingerichtete Zwei-Zimmer-Apartments. *Parkstr. 51, 18119 Rostock-Warnemünde, Tel. 0381/5450, Fax 5453006, €€€*

Katy
Familiengeführte Pension mit zeitgemäß eingerichteten Zimmern und dem gemütlichen Restaurant *Knurrhahn. 12 Zi., Kurhausstr. 9, 18119 Rostock-Warnemünde, Tel. 0381/543940, Fax 5439441, €*

Radisson SAS
Bis zum Fußgängerboulevard Kröpeliner Straße und dem Stadthafen sind es nur Katzensprünge. *345 Zi., Lange Str. 40, Tel. 0381/45970, Fax 4597800, €€*

Warnemünder Hof
Ansprechendes Haus nahe Warnemünde, abseits des Trubels. Wer das Besondere liebt, bucht ein Romantik- oder das Hochzeitszimmer. *91 Zi., Stolteraerweg 8, 18119 Rostock-Diedrichshagen, Tel. 0381/54300, Fax 5430444, €€–€€€*

Jugendgästeschiff
Originelle Jugendherberge auf einem ausgedienten 10000-t-Handelsschiff mit 85 Betten und 5 Familienzimmern. *Liegeplatz an der Unterwarnow, 18106 Rostock-Schmarl, Tel. 0381/716224, Fax 714014, €*

SPIEL UND SPORT

Warnemünde besitzt einen etwa 150 m breiten, steinfreien Sandstrand; FKK westlich vom Hotel *Neptun*. Hinter diesem Hotel, fast am Ende der Strandpromenade, entsteht ein 5000 m^2 großes Badeparadies – im Jahr 2001 soll es öffnen. Einen Bootsverleih gibt es in Warnemünde am *Alten Strom* neben der Drehbrücke, in der Nähe starten auch Fischerboote zum *Hochseeangeln*.

AM ABEND

Nachtschwärmern ist das »Bermuda Dreieck« in Warnemünde ein Begriff: Von der *Fischerklause* geht es in den *Seehund (beide Am Strom)* und von dort in die *Sky-Bar* des Hotels *Neptun*. Bis nach Mitternacht gibt es im *Pier 46 (Alexandrinenstr. 46)* in Warnemünde gute Cocktails. Die Lautsprecher dröhnen abends in der Disko *Fun & Tanzcafé Lollipop* im Warnow-Park *(St. Petersburger/Ecke Warnow-Allee)*. Junge Leute treffen sich auch im *Studentenkeller, Universitätsplatz 5*, und in der *Diskothek Speicher, Am Strande 3*. Im *Cinestar-Filmpalast (St. Petersburger-Straße)* in sieben Sälen bequeme Sessel und toller Sound. Das Rostocker Theater hat mehrere Spielstätten. *Vorverkaufskasse: Doberaner Str. 134, Tel. 0381/381 46 00*

AUSKUNFT

Rostock Information
Neuer Markt 3, 18055 Rostock, Tel. 0381/381 22 22, Fax 381 26 01, E-Mail touristinfo@rostock.de

Touristinformation Warnemünde
Am Strom 59, 18119 Rostock-Warnemünde, Tel. 0381/548 00 10, Fax 548 00 30

ZIELE IN DER UMGEBUNG

Camping- und Ferienpark Markgrafenheide (111/E 2)
Wer ohne Zelt, Wohnmobil und Wohnwagen anreist, mietet sich eins der 80 neuen, winterfesten schwedischen Ferienhäuser (für 4–6 Personen). In der Tenne wird Squash und Billard gespielt; außerdem sind Tennisplätze, Sauna und Solarium vorhanden. Der 30 ha große Park liegt direkt am Ostseestrand und grenzt an das Waldgebiet der Rostocker Heide, das mit 5000 ha der größte Stadtwald in ganz Deutschland ist. *Dünenweg 27, 18146 Markgrafenheide, Tel. 0381/661 15 10, Fax 66 95 55*

Landschulmuseum Göldenitz (111/E 5)
Ein original eingerichtetes Schulzimmer und eine Lehrerwohnung vom Beginn des 20. Jhs. sind hier zu besichtigen, außerdem Backhaus und Gutsschmiede. Die Ausstellung »Das sprechende Klassenzimmer« mit einer Multivisionsschau informiert über das frühere Schulleben auf dem Lande. *18196 Göldenitz (bei Dummerstorf), Di, Do, Sa 9–17 Uhr, Mai–Okt. auch Mi, Fr 9–14 Uhr*

Museumshof Poppendorf (111/E 2–3)
Das klassizistische Herrenhaus des ehemaligen Rittergutes Poppendorf bildet den stilvollen Rahmen für vielfältige Veranstaltungen. Der Museumshof Poppendorf lädt zu Konzerten, Vorträgen, Lesungen, Diskussionen und Ausstellungen ein. *Dorfstr. 41, 18184 Poppendorf, Tel./Fax 038202/20 97*

Wilhelmshöhe (111/D 2)
Seit jeher ist die Wilhelmshöhe, etwa 4 km von Warnemünde entfernt, ein beliebtes Ausflugsziel der Rostocker. Hoch auf dem Kliff liegt die Pension und Gaststätte Wilhelmshöhe mit ihrem gemütlichen Restaurant, dem großen Garten und 21 Zimmern. *Waldweg 1, 18119 Rostock-Diedrichshagen, Tel. 0381/54 82 80, Fax 548 28 66, €–€€*

ENDE
DES
BEWACHTEN
BADESTRANDES

Halbinselkette mit Natur pur

Weite Sandstrände, urige Wälder und stille Dörfer

Zwischen den beiden Hansestädten Rostock und Stralsund schiebt sich die Halbinselkette Fischland, Darß, Zingst ins Meer. Eine bezaubernde, stille Küsten- und Boddenlandschaft mit weißen Sandstränden an der West- und Nordseite sowie dem urwüchsigen Darßwald, der zum Nationalpark Vorpommersche Boddenlandschaft gehört. Ein Landstrich, der sich Beschaulichkeit bewahrt hat. Das haben auch zahlreiche Vogelarten festgestellt, darunter die Kraniche, die die Halbinsel Zingst als Rastplatz nutzen.

In einem der bekanntesten an der Ostsee gesungenen Lieder heißt es: »Wo de Ostseewellen trecken an den Strand, … dor is mine Heimat, dor bün ick to Hus.« Der Schauplatz in dem Lied wird oft verändert, doch gewidmet ist es dieser Region, denn die Heimat der Autorin Martha Müller-Grählert ist die Halbinsel Zingst.

Jeder Teil der Halbinselkette, die an manchen Stellen nur 200 m breit ist, besitzt ein anderes Gesicht. Auch die Orte, darunter die Städte Ribnitz-Damgarten und Barth als Eingangstore, haben ihr unverwechselbares Profil.

Der feine Sandstrand in Ahrenshoop

Ahrenshoop ist nach wie vor der Künstlerort, so sieht der Kunstkaten auch in unseren Tagen noch seine wichtigste Aufgabe in Begegnungen der Künstler mit ihrem Publikum. Born und Wieck sind die stillen Dörfer am Haff geblieben, Prerow das ländliche Idyll an der Ostsee. Dierhagen, Wustrow und Zingst wenden ihre dörfliche Seite mit Erinnerungen an die große Zeit der Segelschifffahrt und Fischerei dem Bodden zu, das Badeleben spielt sich am Ostseestrand ab. Ostsee und Bodden waren bis zum Mittelalter verbunden; diese Verbindung wiederherzustellen, darüber wird in jüngster Zeit viel diskutiert.

AHRENSHOOP

(112/A 2) Das Ostseebad (800 Ew.) hat eine alte Tradition als Künstlerkolonie, wenngleich ihm die Berühmtheit von Worpswede bei Bremen nie beschieden war. Ende des 19. Jhs. kamen erstmals Maler in das abgeschiedene Ahrenshoop. Manche blieben nur einen Sommer, andere siedelten sich an. Bis heute ist der Ort bevorzugtes Domizil von Künstlern geblieben. So arbeiten im *Künstlerhaus Lukas* Stipendiaten, die jeden letzten Sonntag im Monat zum Tag der offenen Tür mit Ateliergesprächen, Lesungen und anderen Veranstaltungen laden. In der Strandhalle, im Haus Elisabeth von Eicken sowie im Dünenhaus sind wechselnde Kunstausstellungen zu sehen.

In den beiden Ortsteilen Althagen und Niehagen herrscht eine ländliche Atmosphäre, sie haben ihren Charakter als Bauern- und Fischerdorf bewahrt. Beeindruckend ist das bis zu 18 m aufragende Steilufer am südlichen Ortsende. Von dieser Stelle bietet sich ein weiter Ausblick auf die Ostsee.

BESICHTIGUNGEN

Kunstkaten
In dem traditionsreichen, seit 1909 bestehenden Haus, der Galerie der Gemeinde, stellen regionale Künstler ihre Arbeiten vor. *Mai–Okt. tgl. 10–13, 14–17 Uhr, Nov.–April Di–So 10–13, 14 bis 16 Uhr, Strandweg 1*

Neues Kunsthaus Ahrenshoop
Ausstellungen zeitgenössischer Kunst, Lesungen und kleine Konzerte; Skulpturengarten. *Tgl. 10–17 Uhr, Di geschl., Bernhard-Seitz-Weg 3a*

RESTAURANTS/CAFÉ

Café Namenlos
Schick! Im Sommer von der Terrasse Blick auf Düne und Meer. In der Saison zeigt immer ein anderer Maler aus der Ahrenshooper Künstlerkolonie seine Arbeiten. *Schifferberg 2, Tel. 038220/60 60,* €€

Räucherhaus Schönthier
Fangfrischer Fisch und Fisch aus der im Haus befindlichen Räucherei. *Hafen Althagen, Tel. 038220/6946, im Winterhalbjahr Mi geschl.,* €€

Zur Robbe
Etwa 40 verschiedene Fischgerichte. Da Fisch bekanntlich schwimmen will: In der dazugehörenden Weinhandlung stehen 350 internationale und nationale Weine zur Auswahl, darunter bis zu 50 Sorten aus den ostdeutschen Regionen Saale-Unstrut und Meißen. *Dorfstr. 39, Tel. 038220/80136,* €€

EINKAUFEN

Das traditionsreichste Geschäft der Halbinselkette, seit 1922 im Besitz der Familie Wegscheider, ist die *Bunte Stube, Dorfstr. 24.* Angeboten werden Bücher und Kunsthandwerk, außerdem finden regelmäßig Ausstellungen von Kunsthandwerkern statt. Die Tradition der Fischlandkeramik setzen mehrere Künstler fort; die Werkstätten sind täglich geöffnet bei: *Friedemann Löber, Bernhard-Seitz-Weg 1, Charis und Reinhart Löber, Große Bauernreihe 4, Katharina und Johann Klünder, Fulge 3* und bei *Lisa Konow, Töpferweg 2.*

ÜBERNACHTUNG

Elisabeth von Eicken
Sechs Künstler haben die sechs Zimmer im früheren Wohn- und Atelierhaus einer Malerin indivi-

duell gestaltet. Zu dem liebenswerten Haus gehören auch eine Galerie und ein Skulpturengarten. *Dorfstr. 39, Tel. 038220/ 6990, €€*

Haus am Meer
24 geschmackvoll eingerichtete Zimmer sowie hübsche Maisonette-Apartments mit Meeresblick vom Balkon. *Dorfstr. 36, Tel. 038220/80816, Fax 80610, €€–€€€*

Möwe
Zwei rohrgedeckte Häuser auf einem Dünenrücken. *24 Zi., Schifferberg 16–17, Tel. 038220/ 6080, Fax 80616, €€*

SPIEL UND SPORT

Schöner feiner Sandstrand. Zu den regionalen Besonderheiten bzw. Traditionen gehört die Freizügigkeit am Strand und beim Baden. Traditionell sind in Ahrenshoop und am Weststrand des Darßes die Grenzen zwischen Textil- und FKK-Strand fließend, eine Abgrenzung gibt es nicht.

AUSKUNFT

Kurverwaltung
Kirchnersgang 2, 18347 Ostseebad Ahrenshoop, Tel. 038220/234, Fax 300, E-Mail ahrenshoop@t-online.de

BARTH

(112/C2) Das sympathische Städtchen (10300 Ew.) an der südlichen Boddenküste gilt als östliches Tor zur Halbinsel Fischland, Darß, Zingst. Vom Marktplatz geht die schmale Einkaufsstraße ab, eine andere führt zum Hafen. Das Dammtor ist das letzte der einst vier Stadttore, der 12 m hohe Fangelturm ist ein Wehrbau aus dem 14. Jh., als Barth Residenzstadt der rügischen bzw. pommerschen Herzöge wurde. Deren Schloss wurde im Dreißigjährigen Krieg zerstört. 1998 stellten zwei Berliner Historiker die These auf, die legendäre und einst größte Ostseesiedlung Vineta habe im Barther Bodden gelegen. Barth ließ sich daraufhin den Namen Vineta als Markenzeichen schützen und setzt ihn nun werbeträchtig ein.

MARCO POLO TIPPS FÜR FISCHLAND, DARSS, ZINGST

1 Darßer Urwald
Von Menschenhand unberührte Landschaft (Seite 56)

2 Bernsteinmuseum
Einziges Museum seiner Art in Deutschland (Seite 56)

3 Freilichtmuseum Klockenhagen
Bäuerliches Leben vor 200 Jahren (Seite 58)

4 Pramort
Kranichspektakel im Frühjahr und Herbst (Seite 60)

BESICHTIGUNG

Marienkirche
In der stattlichen dreischiffigen Hallenkirche beeindruckt die von Friedrich August Stüler stammende neogotische Innenraumgestaltung. Einen schönen Stadtüberblick verschafft sich, wer auf den 87 m hohen Turm steigt. Bei guter Sicht sind sogar die Inseln Hiddensee und Rügen zu erkennen.

MUSEUM

Vineta-Museum
Das Museum versucht die These zu erhärten, die legendäre, angeblich vom Meer verschlungene Stadt Vineta habe sich bei Barth befunden. Besucher mit Vollbart(h) und mit dem Nachnamen Barth haben freien Eintritt. *Di–Sa 10–12, 13–17, So 14 bis 17 Uhr, Lange Str. 16*

RESTAURANT/ÜBERNACHTUNG

Ferienpark am Bodden
Die Ferienanlage im 5 km von Barth entfernten Fuhlendorf hat 35 Ferienwohnungen, Wellnessbereich, Kegelbahnen und ein Restaurant. *Dorfstr. 55 c, 18356 Fuhlendorf, Tel. 038231/43 20, Fax 410 44, €€*

Pommernhotel Barth
Abseits vom touristischen Rummel bietet das Ehepaar Splettstößer angenehmen Aufenthalt. *31 Zi., Divitzer Weg 2, Tel. 038231/820 00, Fax 820 06, €€*

Ringhotel Speicher
Der alte Getreidespeicher ist nicht mehr wiederzuerkennen. Es entstanden 31 schmucke, großzügige Apartments und 12 Suiten, die teilweise Sauna und Whirlpool haben. Küchenchef Frank Börgert hat das Restaurant zu einer der lohnenswertesten Essadressen in der Region gemacht. *Am Osthafen, Tel. 038231/63 300, Fax 63 400, €€–€€€*

AUSKUNFT

Barth-Information
Lange Str. 16, 18356 Barth, Tel./Fax 038231/24 64, E-Mail info@stadt-barth.de

ZIELE IN DER UMGEBUNG

Bresewitz **(112/B 2)**
Bis zum Ende des Zweiten Weltkriegs fuhr die Darßbahn von Barth nach Prerow, danach wurde die Strecke als Reparationsleistung an die Sowjetunion abgebaut. Das *Bahnhofsmuseum* zeigt Interessantes von der Bahn zwischen Meer und Bodden, darunter drei Originalwagons. In der angeschlossenen Galerie »Kunst auf Schienen« präsentieren sich vorwiegend regionale Künstler *(Mi–Sa 10–16 Uhr)*.

DIERHAGEN

(112/A 3) Der westlichste Ort der Halbinselkette liegt zwischen Ostsee und Bodden. Von den fünf Ortsteilen wenden sich Dierhagen-Strand, Dierhagen-Ost und Neuhaus der Ostsee zu, Dierhagen-Dorf und Dändorf mit ehemaligen Kapitänshäusern und Bauernhöfen dem Saaler Bodden zu. Das familienfreundliche Ostseebad (1600 Ew.) ist umgeben von Wiesen und Waldgebieten und bietet Ruhe und Entspannung.

Naturnahe Beschaulichkeit am Boddenufer

RESTAURANTS

Schipperhus
Gemütliche Gaststätte in einem rohrgedeckten Haus. *Strandstr. 6 (Dierhagen-Dorf), Tel. 038226/802 11, €€*

Tau'n Dörpkraug
Die Speisekarte richtet sich nach dem täglichen Fang der Fischer. *Kirchstr. 8 (Dierhagen-Dorf), Tel. 038226/235, €*

ÜBERNACHTUNG

Am Moor
Ruhige Lage, etwa 200 m bis zum Strand. *32 Zi., Peter-Jahnke-Str. 3 (Dierhagen-Strand), Tel. 038226/265, Fax 803 21, €€*

Blinkfüer
Nur 200 m vom Strand entfernt, Freizeitbereich mit Sauna, Whirlpool, Fitnessraum. Für mehrere Personen bzw. Familien interessant: die fünf zweigeschossigen Maisonette-Apartments für bis zu fünf Personen. Delikate Küche, der Wintergarten ist Nichtraucherbereich. *28 Zi., An der Schwedenschanze 20 (Dierhagen-Ost), Tel. 038226/803 84, Fax 803 92, €*

Strandhotel Fischland
Allein direkt am Strand stehend, mit zahlreichen Freizeiteinrichtungen. 53 Zimmer sowie 56 Ferienwohnungen. *Ernst-Moritz-Arndt-Str. 6 (Dierhagen-Strand), Tel. 038226/520, Fax 529 99, €€€*

CAMPING

Ostseecamp Dierhagen
Wiesengelände mit jungen Laubbäumen. *Ganzjährig geöffnet, Tel. 038336/807 78, Fax 807 79, €*

SPIEL UND SPORT

Breiter Sandstrand; in Dierhagen-Ost befindet sich der ausgewiesene FKK-Abschnitt. Am *Ho-*

tel Blinkfüer gibt es einen Minigolfplatz, das *Hotel Fischland* bietet ein Schwimmbad, eine Sporthalle mit Tennisplatz sowie zwei weitere Tennisplätze im Freien.

AUSKUNFT

Kurverwaltung
Ernst-Moritz-Arndt-Straße (im Haus des Gastes), 18347 Ostseebad Dierhagen, Tel. 038226/201, Fax 80466, E-Mail kvdierhagen@t-online.de

PREROW

(112/B 1) »Ostseebad im Grünen« wird Prerow (1800 Ew.) oft genannt. Der Ort liegt aufgefächert an der Nordseite der Halbinsel Darß. Auf einer 390 m langen Seebrücke können Sie über den Wellen wandeln. Hochhäuser gibt es nicht, stattdessen einstöckige rohrgedeckte Häuser inmitten blumenreicher Gärten. Die geschnitzten, bunten Türen deuten auf die Historie des Ortes: Bis zum Niedergang der Segelschifffahrt um 1880 war Prerow ein Seefahrerdorf. Typische Motive sind die aufgehende Sonne, die den Wunsch des Seemannes nach einer glücklichen Heimkehr symbolisiert, und die grüne Farbe. Grün wurden früher die Schiffe gestrichen, und was an Farbe übrig blieb, verwendete man für die Haustür.

Rund 50 km lang sind die ausgeschilderten Wanderwege, die auch in bzw. durch den Nationalpark Vorpommersche Boddenlandschaft führen. Schön ist der Blick auf die Ostsee und den Bodden von der Hohen Düne (16,5 m) westlich der Straße nach Zingst.

Rohrgedeckte Häuser inmitten blumenreicher Gärten – Prerow ist noch frei von Hochhäusern

BESICHTIGUNG

Leuchtturm Darßer Ort
Bereits 1848 erbaut, ist der 35 m hohe Turm einer der ältesten noch in Funktion befindlichen Leuchttürme an der gesamten Ostseeküste. Sein fast 40 km weit reichendes Licht warnt vor den Untiefen der so genannten Darßer Schwelle, eine in der Schifffahrt als gefährlich geltende Ecke. Der Turm steht 4,5 km nordwestlich des Ostseebades und ist nur zu Fuß, mit dem Fahrrad oder mit der Kutsche zu erreichen. Kleine Ausstellungen im ehemaligen Wärterhaus informieren über den Naturraum Darßer Ort sowie über die Leuchtturmgeschichte. Von der Plattform haben Sie einen fabelhaften Blick über die Ostsee und den Darß. *Mai–Okt. tgl. 10–18 Uhr, Nov.–April Mi–So 11 bis 16 Uhr*

MUSEUM

Darß-Museum
Ausstellung über die Kultur und Lebensweise der Darß-Bewohner. *Mai–Okt. tgl. 10–17 Uhr, Nov. bis April Mi–So 13–16 Uhr, Waldstraße 48*

RESTAURANTS

Am Hafen
Ein Haus mit maritimem Flair. Möchten Sie in der urigen Kapitänskajüte Platz nehmen, empfiehlt sich eine Reservierung. *Lange Str. 2, Tel. 038233/328,* €€€

Haus Wiesenau
Gute Hausmannskost – die Chefin kocht selbst. Auch die Einheimischen fühlen sich hier wohl. *Grüne Str. 37, Tel. 038233/ 697 87,* €€

Seeblick
Das Fischrestaurant im Obergeschoss bietet neben gutem Essen auch einen phantastischen Blick aufs Meer. *Links direkt an der Seebrücke, Tel. 038233/ 348,* €€

Titania
Einstimmig gelobt werden die abwechslungsreichen Fischvariationen. *Bernsteinweg 4 (im Hotel Waldschlösschen), Tel. 038233/61 70,* €€€

ÜBERNACHTUNG

Bernstein
Modernisiertes Hotel, jetzt mit 200 m² großem Wellnessbereich sowie zwei Tennisplätzen. *130 Zi., Buchenstr. 42, Tel. 038233/ 640, Fax 329,* €€

Haus hinter den Dünen
Reihenhäuser in einer naturbelassenen Anlage. 80 Apartments und Ferienhäuser (für 1–6 Personen). *Bernsteinweg 6, Tel. 038233/ 70 60, Fax 70 61 01,* €–€€

Waldschlösschen
Strandnah, ruhig und Schwimmbad mit Gegenstromanlage. *29 Zi. Bernsteinweg 4, Tel. 038233/ 61 70, Fax 403,* €€€

CAMPING

Regenbogen Camp
Der einzige Platz an der Ostseeküste, auf dem offiziell das Zelt in den Dünen errichtet werden darf. Am Strand FKK üblich. Eine rechtzeitige Reservierung ist unbedingt nötig. *Ganzjährig geöffnet, Tel. 038233/ 331, Fax 693 51*

SPIEL UND SPORT

Feinsandiger Strand in 5 km Länge, FKK auf großen Abschnitten. Der urwüchsige Weststrand kann nur zu Fuß oder mit dem Fahrrad erreicht werden. Bootsverleih, Tretboote, Schiffsausflüge, Surfkurse und Tennis lassen keine Langeweile aufkommen.

AUSKUNFT

Kurverwaltung
Gemeindeplatz 1, 18375 Ostseebad Prerow, Tel. 038233/61 00, Fax 610 20, E-Mail Zimmerinfo-Prerow@t-online.de

ZIELE IN DER UMGEBUNG

Born **(112/B 2)**
Das *Sommertheater,* eine Kleinkunstbühne in dem Boddendorf,

bietet nur 50 Plätze, deshalb empfiehlt sich eine Platzreservierung. Gespielt wird im *Juli und Aug. täglich, Chausseestr. 75, Tel. 038234/50423.* Buddelschiffe in großer Auswahl und andere maritime Souvenirs bei *Konow, Chausseestr. 46.*

In dem Haus, in dem der königliche Forstmeister Ferdinand von Raesfeld von 1891 bis 1913 lebte und wirkte, entstand das nach ihm benannte *Forst- und Jagdmuseum. Chausseestr. 64, Juni bis Aug. tgl. 10–16 Uhr, Sept.–Mai Sa, So 10–16 Uhr.* Im *Café TonArt* dienen die Fensterläden als Speisekarte. Nach rechts geht es in das kleine Café, nach links in den Töpfer-Ausstellungsraum. *Juni–Aug. tgl. 15–23 Uhr, in der Vor- und Nachsaison nur an besonderen Wochenenden, Chausseestr. 58, Tel. 038234/416, €.* Hohe Kochkunst zelebriert Ralf Hiemer im Restaurant *Zum weißen Hirsch* (*Chausseestr. 28, Tel. 038234/435, €€€*). Er setzt auf frische regionale Produkte.

Darßer Urwald (112/A–B 1–2)

★ Das urwüchsige Waldgebiet können Sie auf mehreren Wegen durchqueren. Lianen, Waldgeißblatt und Efeu wuchern auf Grund der hohen Luftfeuchtigkeit so üppig wie in subtropischen Urwäldern. Das Farnkraut erreicht teilweise Höhen von über 3 m. Mit seinen vielen Wasserlöchern ist der Wald jedoch ein Mückenparadies.

Der Darßer Wald gehört zum Nationalpark Vorpommersche Boddenlandschaft. Informationen über Führungen und Wanderungen erhalten Sie bei der *Nationalparkverwaltung Forsthaus Born, 18375 Born, Tel. 038234/5020.*

Wieck (112/B 2)

Direkt an der Boddenküste liegt Wieck mit überwiegend rohrgedeckten Häusern. Ein solches Dach hat auch das *Hotel Haferland* mit 12 Suiten und 35 Zimmern. *Bauernreihe, Tel. 038233/680, Fax 68220, €€€.* Im *Eiskaffee Lange* gibt es Eis und Kuchen aus eigener Herstellung. *Müggenbergstr. 33*

RIBNITZ-DAMGARTEN

(112/A 3–4) Die Doppelstadt (17 500 Ew.) am Ribnitzer See gilt als westliches Tor zur Halbinselkette Fischland, Darß, Zingst. Jahrhundertelang bildete die Recknitz die Grenze zwischen dem mecklenburgischen Ribnitz und dem vorpommerschen Damgarten. An die große mittelalterliche Zeit von Ribnitz erinnern die *Marienkirche,* eine dreischiffige Backsteinhalle (13./14. Jh.), und das *Rostocker Tor,* ein spätgotischer Backsteinbau von 1430.

BESICHTIGUNG

Bernstein-Schaumanufaktur

Seit Sommer 2000 darf man durch das größte Bernstein verarbeitende Unternehmen in Deutschland spazieren und zuschauen, wie das Gold des Meeres zu Schmuck verarbeitet wird. Wer Bernsteinschmuck erwerben möchte, kann aus einem großen Angebot wählen. *Im Gewerbegebiet Ost, OT Damgarten (an der B 105), Mo–Fr 9.30–18 Uhr, Sa 9.30–16 Uhr*

MUSEUM

Bernsteinmuseum

★ Das einzige Museum dieser Art in Deutschland informiert

über die Natur-, Kunst- und Kulturgeschichte des Bernsteins. Zum Rundgang gehört auch ein Besuch des Chorsaals des ehemaligen Klarissinnenklosters mit den berühmten Ribnitzer Madonnen (mittelalterliche Holzplastiken).

In der kleinen Werkstatt können Sie einer Bernsteinschleiferin bei der Arbeit zuschauen. Für 5 Euro dürfen sich die Besucher ein Stückchen »Meeresgold« aussuchen und selbst versuchen, es zu schleifen. Im Preis enthalten ist das Polieren, und die Schleiferin bohrt auch noch ein Loch in den Bernstein, falls Sie es wünschen, weil es vielleicht als Kettenanhänger dienen soll.

Nach dem Museumsbesuch lädt im Erdgeschoss ein kleines Café im Wiener Stil zum Ausruhen ein. *Im Kloster 1–2, April bis Okt. tgl. 9.30–17.45 Uhr, Nov. bis März Mi–So 9.30–17 Uhr*

RESTAURANTS/CAFÉ

Boddenblick
Gemütliches Restaurant, das nur 50 m vom Markt entfernt liegt. *Grüne Str. 9, Tel. 03821/81 26 61,* €€

Café in der Fischergasse
Klein und niedlich – bei den Einheimischen sehr beliebt. *Am Markt (in der Einkaufspassage Fischergasse), Tel. 03821/43 56*

Hafenschenke
Direkt am Boddenufer, von der hellen Veranda Blick aufs Wasser. *Am See 1 a, Tel. 03821/89 48 30,* €€

ÜBERNACHTUNG

Boddenblick
Kleine, modernisierte Pension zwischen Marktplatz und Boddenufer. *4 Zi., Grüne Str. 9, Tel. 03821/81 26 63,* €

Ein weiter Blick ins Land öffnet sich von der Hohen Düne in Prerow

Jugendherberge »Richard Wossidlo«
In zentraler, doch ruhiger Lage. *32 Betten, Am Wasserwerk, Tel./Fax 03821/81 23 11, €*

AM ABEND

Besonders stimmungsvoll sind in den Sommermonaten die Konzerte im schönen Chorsaal des ehemaligen *Klarissinnenklosters.* Chor- und Orgelkonzerte finden aber auch in der in ihren Ursprüngen aus dem 13. Jh. stammenden *Marienkirche* am Markt statt. Wer's fetziger mag, besucht die Disko im *Sportpalast, Damgartener Chaussee 42*

SPIEL UND SPORT

Die *Golfanlage Neuhof* bei Ribnitz-Damgarten (südlich der B 105) kann vorerst mit einer Drivingrange (Übungsfläche) und einem 9-Loch-Kurzplatz aufwarten; zwei neue 18-Loch-Plätze sind in Planung. Zehn Wettkampfbahnen sind im *Bowlingcenter Leuchtfeuer* im Gewerbegebiet West (an der B 105) vorhanden.

AUSKUNFT

Stadtinformation
Am Markt 1 (im Rathaus), 18311 Ribnitz-Damgarten, Tel. 03821/22 01, Fax 89 47 50, E-Mail tourismus@ribnitz-damgarten.de

ZIELE IN DER UMGEBUNG

Bad Sülze (112/B 5)
Ältestes Sol- und Moorbad im Norden Deutschlands, 1822 wurde die erste Badeeinrichtung gegründet. In der Salinestraße stehen noch einige der einst für Salzarbeiter erbauten *Fachwerktraufenhäuser.* Im *Kurpark* blühen im Spätsommer mehr als 100 Dahliensorten. Das *Salzmuseum, Im Rosengarten 13,* hat geöffnet: *Mai–Okt. Di, Do, Fr 14 bis 16.30, Mi 14–17, Sa, So 14–16, Nov.–April Di–Fr, So 14–16 Uhr.*

Freilichtmuseum Klockenhagen (111/F 1)
★ Um ein 300 Jahre altes niederdeutsches Hallenhaus entstand westlich von Ribnitz-Damgarten ein Freilichtmuseum, das frühere Haus- und Gehöftformen

Rückblende

Zu DDR-Zeiten ging es am Strand trist zu. Ruder- und Paddelboote beispielsweise konnten nicht ausgeliehen werden, Fischer durften Urlauber auf ihren Kuttern nicht mitnehmen... Verboten war alles, was die Möglichkeit einer Flucht über die nasse Grenze in den Westen bot. Die Seegrenze der Ostsee wurde ebenso scharf bewacht wie die Landesgrenze; 800 Soldaten und Offiziere sowie 34 bewaffnete Schiffe standen bereit, um so genannte Angriffe gegen die sozialistische Staatsgrenze abzuwehren. Laut DDR-Statistik gab es von 1961 (dem Jahr des Mauerbaus in Berlin) bis 1989 (dem Jahr der revolutionären Veränderungen) 4272 Fluchtversuche über die Ostsee, von denen nur 591 erfolgreich waren. Vermutlich sind mindestens 140 Menschen bei dem Versuch ertrunken, diese Grenze zu überwinden.

in Mecklenburg vorstellt. Die Scheunen, Katen und eine Bockwindmühle standen einst in anderen Dörfern. Alle 2 Wochen *(Sa)* wird im Backofen Brot gebacken. Genaue Termine erfahren Sie unter *Tel. 03821/27 75. April–Okt. tgl. 9–17 Uhr, Altheider Weg, 18311 Klockenhagen.*

Marlow **(112/B 4)**
Überwiegend ein- und zweigeschossige Häuser (18./19. Jh.) prägen das Gesicht des Städtchens (2100 Ew.). Ältestes Bauwerk ist die in der Zeit des Übergangs vom romanischen zum gotischen Stil erbaute *Stadtkirche.* In der Recknitz-Niederung flattert im *Vogelpark* heimisches und tropisches Gefieder umher. *Mai bis Sept. Mo–Fr 9–17 Uhr, Sa, So bis 18 Uhr, Okt.–April nur bis 16 Uhr*

WUSTROW

(112/A 2) Rohrgedeckte Katen und freundliche Kapitänshäuser mit kleinen Vorgärten sind Zeugen der Vergangenheit als Fischer- und Seefahrerort. Dazu gehören auch die breit und flach gebauten Zeeseboote mit ihren braunen Segeln, die im Boddenhafen dümpeln. Der Name kommt von der Zeese, einem beutelartigen Schleppnetz, mit dem einst gefischt wurde. Heute fahren die schnellen Schiffe mit Touristen über das Boddengewässer. Jüngeren Datums ist die Seebrücke, die 240 m weit ins Meer ragt. Ein toller Blick bietet sich von der Aussichtsgalerie der Kirche. Bis auf 18 m Höhe erhebt sich das bei Wustrow beginnende Fischländer Kliff, an dem Wind, Frost und Regen nagen und die Küstenlinie verändern.

BESICHTIGUNG

Kunstscheune Barnstorf
In einer rohrgedeckten und unter Denkmalschutz stehenden Scheune sind in den Sommermonaten Kunstausstellungen zu sehen, meist mit Werken norddeutscher Künstler. *Barnstorfer Weg, Hufe 4*

Skulpturenpark
Wer aus Richtung Osten kommt, entdeckt den Skulpturenpark mit dem symbolischen Namen »Tor in das Jahr 2000« ganz in der Nähe des Windrades. Die bildenden Künstler Inge Hundzinger, Jan Jastram und andere haben hier einige ihrer Werke im Freien aufgestellt.

MUSEUM

Fischlandhaus
Viel Wissenswertes über die Geschichte des Ostseebades. *Mai bis Sept. tgl. 13–17, Mo, Di, Do, Fr auch 10–12, Okt.–April Mo–Do 10–12 und 14–17, Fr nur 10–12 Uhr, Neue Str. 38*

RESTAURANTS

Schifferwiege
Regionale Fischgerichte sowie Weine aus den ostdeutschen Anbaugebieten Saale-Unstrut und Meißen. *Karl-Marx-Str. 30, Tel. 038220/803 36, €€*

Küstenschoner Stinne
Am Saaler Bodden hat der Küstenschoner »Stinne« seinen letzten Ankerplatz gefunden. Das maritime Kajütenrestaurant bietet vor allem Fisch- und Wildgerichte. *Am Kuhleger, Tel. 038220/336, €€*

ÜBERNACHTUNG

Deutsches Haus
Neues Hotel am Wustrower Hafen, ruhig. *25 Zi., Hafenstr. 5, Tel. 038220/69 70, Fax 697 10, €€*

Dorint Strandhotel
Schmuckstück von Wustrow in exzellenter Lage am Ende der Strandstraße. Schwimmbad, Sauna, Solarium. *101 Zi. und Suiten, Strandstr. 44–46, Tel. 038220/650, Fax 651 00, €€€*

Hof Konow
6 Ferienwohnungen für 2–6 Personen (50–100 m²) in einem neuen Rohrdachhaus auf großem Wassergrundstück am Saaler Bodden. *Im Ortsteil Barnstorf, Hufe II, Tel. 038220/60 30, Fax 603 28, €€*

SPIEL UND SPORT

Steinfreier Sandstrand. Der Wellnessbereich im Erholungszentrum Fischland steht gegen Gebühr allen Gästen offen. Tennisplätze in Strandnähe; Schiffsfahrten beginnen am Boddenhafen.

AUSKUNFT

Kurverwaltung
Strandstr. 10, 18347 Wustrow, Tel. 038220/251, Fax 253, E-Mail kurverwaltung@ostseebad-wustrow.de

ZINGST

(112/B 1) Wiesen, Wald und Wasser, liebenswerte kleine Hotels, gemütliche Restaurants sowie eine Seebrücke bietet Zingst. Der mit 3200 Ew. größte Ort der Halbinselkette liegt zwischen Ostsee und Bodden. Wander- und Radfahrwege führen in die Umgebung, auch zum ★ *Pramort* auf der äußersten Landspitze, der zum größten Rastplatz für Kraniche in Mitteleuropa gehört. Bis zu 40 000 Tiere nutzen die flachen Boddengewässer im Nationalpark Vorpommersche Boddenlandschaft als Schlafplatz, denn hier sind sie sicher vor natürlichen Feinden. Ein grandioses Schauspiel bietet sich, wenn Tausende der Vögel mit ihren Guruh-Guruh-Rufen in die Luft aufsteigen. Die Region bildet die zentrale Drehscheibe für den Kranichzug zwischen den Brutgebieten in Skandinavien, den Baltischen Staaten sowie Russland und dem Hauptüberwinterungsgebiet Südspanien.

RESTAURANTS

Hohe Düne
Torsten Hagedorn pflegt hohe Kochkunst. Wer's schlichter mag, setzt sich in die *Boddenstube. Im Hotel Schlösschen Sundische Wiese, Tel. 038232/8181, €€€*

Zingster Ostseeklause
Fisch, Fisch und nochmals Fisch. *Seestr. 1 b (am Strandübergang 15), Tel. 038232/152 43, €€*

ÜBERNACHTUNG

Marks
Auf großem Waldgrundstück am Innendeich zum Bodden. *7 Zi., Jordanstr. 7, Tel. 038232/161 40, Fax 161 44, €€*

Meeresrauschen
Der Name übertreibt nicht: Das Hotel ist nur durch den Deich vom Ostseestrand getrennt. *13 Zi., Seestr. 51, Tel. 038232/13 01, Fax 801 84, €€*

Meerlust
Gemütliche 31 Zimmer und 15 Ferienwohnungen sowie einen komfortablen Wellnessbereich bietet das neue Hotel direkt am Deich. *Seestr. 68, Tel. 038232/88 50, Fax 885 99, €€*

Seebrücke
Der Hotelname gibt die ideale Lage bereits an. *33 Zi., Seestr. 2, Tel. 038232/80 40, Fax 157 87, €€–€€€*

Schlösschen Sundische Wiese
Für Naturfreaks! Apartmenthotel in einsamer, verträumter Lage am Eingang zum Nationalpark Vorpommersche Boddenlandschaft. *14 Zi., Tel. 038232/81 80, Fax 818 38, €€*

Steigenberger Esprix Aparthotel
In dem neuen Komplex gibt es je nach Wunsch beides: einerseits den kompletten Hotelservice, andererseits typische Ferienwohnungen (104 Apartments) für Selbstversorger. *Seestraße, Tel. 038232/850, Fax 859 99, €€€*

Jugendherberge
Im Ortszentrum. *160 Betten, 26 Familienzimmer. Glebbe 14, Tel. 038232/154 65, Fax 122 85, €*

CAMPING

Camping am Freesenbruch
Auf einem Wiesengelände westlich des Ortes. *Mittagsruhe 13–15 Uhr, ganzjährig geöffnet, Tel./Fax 038232/157 86, Fax 157 10*

SPIEL UND SPORT

Feiner Sandstrand, auch FKK-Anhänger haben ihr Refugium. Im Kurmittelzentrum, *Am Rämel,* gibt es ein Schwimmbad mit 30 Grad warmem Wasser, eine Sauna und eine Minigolfanlage. Tennis- und Badmintonplätze in der Sportfreizeitanlage, *Hägerende 5.* Ausritte sowie Ponyreiten im *Reiterhof Illner, OT Müggenburg.*

AM ABEND

Ins neue Kurhaus rechts neben der Seebrücke wird samstags zum Tanz geladen, hier finden auch Heimatabende, Kabarettveranstaltungen und vieles andere statt.

AUSKUNFT

Kurverwaltung
Seestr. 57 (im Haus des Gastes), 18374 Zingst, Tel. 038232/815 20, Fax 815 25

Kleines Wörterbuch Plattdeutsch-Hochdeutsch

achtern - hinten
antütern - sich betrinken
babbeln - schwatzen
Buddel - Flasche
Büx - Hose
Diern - Mädchen
Döösbaddel - Dummkopf
düsig - schwindlig
kackerig - ängstlich
kieken - gucken, sehen
Klock - Uhr
klönen - erzählen
lütt - klein
Plünnen - Lumpen
pückerig - mühsam
schloddern - zittern
Stip - Soße
toddern - schimpfen
Tüfte - Kartoffel
Wruke - Kohlrübe

Bekannte Seebäder mit Tradition

Per pedes, Fahrrad, Schiff oder dampfender Kleinbahn zu unvergesslichen Landschaftserkundungen

Die 574 km lange Küste Rügens ist durch Bodden und Wieken zerklüftet. Kein Ort liegt weiter als 6 km vom Meer entfernt. Lange Sandstrände, steil aufragende Ufer, backsteinerne Dorfkirchen und rohrgedeckte Katen prägen das Gesicht der Insel.

Nicht wenige Rügenkenner behaupten schwärmerisch, Rügen sei nicht nur Deutschlands größte, sondern auch seine schönste Insel. Die bizarren Kreidefelsen der Stubbenkammer mit dem Königsstuhl, der sagenumwobene Herthasee und die Feuersteinfelder auf der Schmalen Heide sind besondere Naturcharakteristika der Insel. Als außergewöhnliches Architekturdenkmal gilt das planmäßig klassizistisch erbaute Putbus. Von der ehemaligen fürstlichen Residenzstadt zuckelt seit dem vorigen Jahrhundert eine altehrwürdige Kleinbahn, »Rasender Roland« genannt, durch Wiesen und Buchenwälder zu den traditionsreichen Seebädern Binz, Sellin, Baabe und Göhren mit Hotels und Pensionen im Stil der so genannten Bäderarchitektur. Von Schaprode auf Rügen und Stralsund tuckern Personenfähren zum *söten Länneken*, wie die Einheimischen die reizvolle Insel Hiddensee nennen.

Über Rügen, Hiddensee und Stralsund gibt es einen eigenen MARCO POLO Band vom selben Autor.

Die berühmten Kreidefelsen auf der Insel Rügen

BERGEN

(114/C4) Die kleine Inselkreisstadt (16 800 Ew.) bildet auch geografisch den Mittelpunkt Rügens. Von Bergen sind alle Ausflugsziele gut zu erreichen. Ihrem Namen wird die Stadt ebenfalls gerecht: Die Straßen steigen zum Markt hin an.

BESICHTIGUNG

Ernst-Moritz-Arndt-Turm

Der 27 m hohe Turm auf dem Rugard entstand als Denkmal für den auf Rügen geborenen Publizisten Ernst Moritz Arndt (1769–1860). Der Aufstieg (80 Stufen) wird mit einem herrlichen Blick belohnt. *Mai–Okt. tgl. 10–18 Uhr*

ÜBERNACHTUNG/RESTAURANT

Kaufmannshof Hermerschmidt
Das Interieur versetzt in alte Kaufmannszeiten. 18 stilvoll eingerichtete Zimmer und das Erlebnisrestaurant *Das Kontor* laden zur Einkehr. *Bahnhofstr. 6–8, Tel. 03838/804 50, Fax 80 45 45,* €€€

AM ABEND

Das *Cine Center Rügen*, das einzige Großraumkino der Insel, hat sechs Säle; gespielt werden Klassiker und Kultfilme. *Ringstr. 140*

AUSKUNFT

Touristinformation
Am Markt 11, 18528 Bergen, Tel. 03838/25 60 95, Fax 25 60 96, E-Mail stadt-bergen-auf-ruegen@mv-net.de

ZIELE IN DER UMGEBUNG

Gingst **(114/B 3)**
Neu seit Sommer 2000: Der Rügen Park, in dem die bekanntesten Bauwerke der Insel im Maßstab 1:25 zu sehen sind, ferner die bedeutendsten Bauwerke der Welt, darunter die sieben Weltwunder der Antike. Für Kinder gibt es Wildwasserrondell, Superrutsche und Miniscooter. *April–Dez. tgl. 9–18 Uhr*

Ralswiek **(114/C 3)**
Auf der Freilichtbühne, mit 9000 Plätzen eine der größten Europas, finden von Juni bis Anfang September *(Mo–Sa)* die *Störtebeker-Festspiele* statt. Der »Robin Hood der Ostsee« stürzt sich Jahr für Jahr in neue Abenteuer. *Auskunft: Tel. 03838/311 00, Fax 31 31 92*

BINZ

(115/D 4) In einem Talkessel, geschützt zwischen Prorer Wiek und Schmachter See, liegt Rügens größtes Ostseebad (6000 Ew.). Die Steilküste tritt hier zurück, Binz öffnet sich weit dem Meer mit einer 4 km langen, von Cafés und Restaurants gesäumten Strandpromenade: Am Abend

MARCO POLO TIPPS FÜR STRALSUND, RÜGEN UND HIDDENSEE

1 Jagdschloss Granitz
Herrlicher Rundblick vom Aussichtsturm (Seite 66)

2 Insel Hiddensee
Eine fast unberührte Landschaft (Seite 67)

3 Hansedom
Tolles Freizeit- und Erholungszentrum (Seite 75)

4 »Rasender Roland«
Schmalspurbahn mit Dampf (Seite 69)

5 Königsstuhl
Berühmtester Kreidefelsen Rügens (Seite 71)

6 Nautilus
Jules Vernes U-Boot-Restaurant in verblüffender Realität (Seite 69)

und an Schlechtwettertagen ist dieser Ort Treffpunkt fast aller Binz-Urlauber. Die nach der Wende erbaute Seebrücke ist mit ihren 370 m die längste auf Rügen. Gegenwärtig bekommt sie einen Brückenpavillon, der Restaurants und Geschäfte aufnehmen wird. In einer Glaskuppel soll eine Aussichtsplattform entstehen.

»Nizza des Ostens« wurde Binz einst wegen seiner herrschaftlichen Bauten genannt. Gegenwärtig ist es dabei, seine frühere Anziehungskraft wiederzuerlangen.

MUSEEN

Binz-Museum
Hier gibt es eine komplett ausgestattete Fischerstube und ein Pensionszimmer vom Anfang des 20. Jhs. und noch vieles mehr zu besichtigen. *(Villa Odin), April bis Okt. tgl. 10–18 Uhr, Nov.–März Di. 11–16 Uhr, Zeppelinstr. 10*

Fälschermuseum
Die schönsten und berühmtesten Meisterwerke der Malerei sind hier zu sehen, aber alle gefälscht – von den genialsten Meistern dieser Kunst. Wer will, kann die Bilder auch kaufen – unter 2500 Euro ist man aber nicht dabei, denn auch das Fälschen ist eine hohe Kunst. *April bis Okt. tgl. 10–18 Uhr, Nov.–März Mi 11–16 Uhr, Margaretenstr. 20*

RESTAURANTS

Poseidon
Fischspezialitäten und Wilddelikatessen in großer Auswahl und guter Qualität. Tischreservierung empfohlen. *Lottumstr. 1, Tel. 038393/2669, €€€*

Sommerliches Strandvergnügen in Binz auf der Insel Rügen

Strandhalle
Eine der lohnendsten Essadressen in Binz. *Strandpromenade, Tel. 038393/315 64, €€*

ÜBERNACHTUNG

Villa Schwanebeck
Gepflegtes familiäres Hotel, zwei Minuten bis zum Strand. *17 Zi., Margaretenstr. 18, Tel. 038393/2013, Fax 317 34, €*

Jugendherberge
Direkt an der Strandpromenade. *Strandpromenade 35, Tel. 038393/325 97, Fax 325 96, €*

SPIEL UND SPORT

Der breite Strand gehört zu den schönsten auf Rügen. Das *Erlebnisbad Vitamar* ist nicht nur an Schlechtwettertagen gut besucht. 30 Grad warmes jod- und fluorhaltiges Thermalwasser, das aus einer Tiefe von über 1200 m kommt, füllt das Becken der *Binz-Therme* (im Hotel *Binz-Therme Rügen*).

AUSKUNFT

Kurverwaltung
Heinrich-Heine-Str. 7, 18609 Ostseebad Binz, Tel./Fax 038393/30675, E-Mail KV-Binz@t-online.de

ZIELE IN DER UMGEBUNG

Jagdschloss Granitz **(115/E 4)**
★ Nach gotischem Vorbild ließ Fürst Wilhelm Malte I. von Putbus südöstlich von Binz das kleine Jagdschloss Granitz errichten. Im Turm schraubt sich als frühes Zeugnis des industriellen Zeitalters eine gusseiserne Treppe nach oben. Wer die 154 Stufen erklommen hat, dem bietet sich bei guter Sicht ein Blick bis nach Stralsund und Hiddensee. *April–Juni Di–So 9–17.30 Uhr, Juli bis Sept. tgl. 9–17.30 Uhr, Okt. bis März Di–So 9–16 Uhr*

Prora **(115/D 3)**
Seit über sechs Jahrzehnten wartet die Ferienstadt auf ihre Fertigstellung. Die nationalsozialistische Organisation »Kraft durch Freude« (KdF) begann 1936 das gigantische »Seebad der Zwanzigtausend« zu errichten; Hitler wollte es zur größten Kuranlage Europas machen. Die bis zum Zweiten Weltkrieg fertig gestellten sechsstöckigen Bettenhäuser und die Bauruinen waren bis zur Einheit Deutschlands Sperrgebiet, die NVA der DDR nutzte sie als Unterkunft. Ein Teil der Anlage konnte im Sommer 2000 verkauft werden, in ihm entstehen Ferien-Eigentumswohnungen sowie Sozialwohnungen. In einem anderen Teil der Anlage etablierte sich die Museumsmeile Prora mit sieben interessanten Museen.

GÖHREN

(115/E 4) Das Ortsbild des Ostseebades (1300 Ew.) mit einer 270 m langen Seebrücke bestimmen weiß gestrichene Villen und Pensionen. Göhren besitzt den schönsten Kurpark (mit Konzertmuschel) aller Bäder auf Rügen. Etwa 300 m vom Strand entfernt ragt der so genannte Buskam aus dem Wasser, ein gewaltiger Findling. Von der Spitze des östlich gelegenen Nordperd bietet sich ein fabelhafter Blick.

MUSEUM

Mönchguter Museen
Unter diesem Namen sind vier museale Einrichtungen zusammengefasst, darunter der Museumshof, eine bäuerliche Hofanlage aus dem 18. und 19. Jh., sowie hinter den Dünen am Südstrand der Motorsegler »Luise«, ein Zeugnis der traditionellen kleinen Frachtschifffahrt. *Mai, Juni, Sept., Okt. Di–So 10–17 Uhr, Juli, Aug. tgl. 10–18 Uhr*

RESTAURANT

Meeresblick
Vorbildlich von Küchenchef Peter Knobloch zubereitete und angerichtete Speisen. *Friedrichstr. 2 (im gleichnamigen Hotel), Tel. 038308/56 50,* €€€

ÜBERNACHTUNG

Nordperd mit Villa Lo und Villa Brunhilde
Anerkannt gutes Hotel. Bis zum Strand etwa fünf Minuten, Restaurant mit vorzüglicher Küche. 57 Zimmer sowie 38 in den beiden Dependancen. *Nordperdstr. 11, Tel. 038308/70, Fax 71 60,* €€€

CAMPING

Ostsee-Campingplatz
Naturbelassenes Waldgelände hinter den Dünen. *April–Okt. geöffnet, Nähe Bahnhof, Tel. 038308/ 901 20, Fax 21 23*

SPIEL UND SPORT

Der Nordstrand ist etwa 35 m breit, der Südstrand, den auch die Fischer nutzen, etwa 20 m. Beide

Das ehemalige Pfarrwitwenhaus: Heute gibt's hier Kunst zu sehen

feinsandigen Strände fallen flach ins Meer ab und sind besonders für Kinder geeignet.

AUSKUNFT

Kurverwaltung
Schulstr. 8, 18586 Ostseebad Göhren, Tel. 038308/259 10, Fax 259 11, E-Mail kv@goehren.de

ZIEL IN DER UMGEBUNG

Pfarrwitwenhaus Groß Zicker (115/E 5)
Das Pfarrwitwenhaus ist das wohl besterhaltene Rügener Zuckerhuthaus. In dem Fachwerkbau von 1723 haben sich die durchgehende Diele und die *schwarze Küche* erhalten. Zu sehen sind wechselnde Kunstausstellungen. *Ortsrand Groß Zicker, April–Okt. tgl. 10–18 Uhr*

INSEL HIDDENSEE

(114/A–B 2–3) ★ Einsamkeit und Ruhe bietet die 16,5 km lange und manchmal nur 150 m breite, Rügen vorgelagerte Insel Hiddensee (1300 Ew.). Sie gehört zum Schönsten, was die Ostseeküste bereithält. Diskos und Zeltplätze, Kurpromenaden oder Hotelburgen gibt es nicht; private Autos sind nicht zugelassen, auf der Insel kann man noch tief durchatmen. Wer nicht gut zu Fuß ist, radelt zu den Inselorten Kloster, Vitte und Neuendorf oder lässt sich mit dem Pferdefuhrwerk kutschieren. Zum Dornbusch, einer reizvollen Hügellandschaft nördlich von Kloster, gelangen Sie nur zu Fuß. Hier hat Wetterfrosch Jörg Kachelmann das ARD-Wetterstudio Nord eingerichtet, von dem täglich Hiddenseebilder und aktuelle Wetterdaten ausgestrahlt werden. Von Schaprode auf Rügen, im Sommer auch von Stralsund, Zingst sowie Wiek und Breege auf Rügen bestehen Schiffsverbindungen zu den Inselorten.

BESICHTIGUNGEN

Leuchtturm

Auf dem Hochland des Dornbuschs stehend, schickt der Klinkerbau von 1927 bis 1929 Nacht für Nacht sein Blitzfeuer 38 km weit aufs Meer. Wer die 102 Stufen erklimmt, darf die phantastische Aussicht genießen. *Mai–Sept. tgl. 10.30–16 Uhr, Winteröffnungszeiten bitte in der Insel-Information erfragen*

Nationalparkhaus

Viel Wissenswertes über die Insel, den Nationalpark sowie das Verhältnis des Menschen zur Natur. *April–Okt. tgl. 10–16 Uhr*

MUSEUM

Gerhart-Hauptmann-Gedenkstätte

Der Dichter von »Die Ratten«, »Die Weber« und »Der Biberpelz« erwarb 1930 das Haus Seedorn in Kloster und erweiterte es durch einen Anbau. Die original eingerichteten Räume geben Einblick in das Leben und Schaffen des Literatur-Nobelpreisträgers von 1912. *April–Okt. tgl. 10–17 Uhr, Winteröffnungszeiten bitte in der Insel-Information erfagen. Kloster*

ÜBERNACHTUNG/RESTAURANTS

Heiderose

19 rohrgedeckte Häuser mit 38 Apartments, im Hotel 31 Zimmer, Restaurant mit großer Terrasse. Mitten in der Dünenheide zwischen Vitte und Neuendorf gelegen. *Tel. 038300/630, Fax 631 24, €€*

Zum Enddorn

Sechs Zimmer und die Bilderkneipe: Etwa 250 Aquarelle, Ölgemälde und Zeichnungen zieren die Wände. Gemütliche Atmosphäre, schmackhaftes Essen und meist viele Gäste. *Kloster (im OT Grieben), Tel. 038300/460, Fax 680 94, €–€€*

Zum Klausner

Im Dornbuschwald an der Steilküste gelegen; ideal für alle, die Einsamkeit und Natur mögen. Im Restaurant gute deutsche Küche. *5 Ferienhäuser (für je 4 Personen), 7 Zi., Kloster, Tel. 038300/66 10, Fax 66 120, €€*

SPIEL UND SPORT

Der Weststrand ist feinsandig und dort, wo keine Strandkörbe stehen, fest im Griff der FKK-Anhänger. Im Osten besitzt die Insel eine flache, zerlappte Boddenküste. Fahrradverleih in allen drei Inselorten.

AUSKUNFT

Insel-Information
Norderende 162, 18565 Vitte, Tel. 038300/642 26, Fax 612 25, E-Mail insel.information@t-online.de

PUTBUS

(115/D 4) »Weiße Perle auf der grünen Insel« nennt sich Putbus (5000 Ew.), denn die Stadt mit ihren schönen (aber zumeist immer noch nicht restaurierten) weißen klassizistischen Bauten ist von einer herrlich grünen Wald- und Wiesenlandschaft umgeben. Wilhelm Malte I. ließ, nachdem er 1807 in den Fürstenstand erhoben worden war, Putbus planmäßig als Residenzstadt anlegen. Im nahen Lauterbach gründete er das erste Seebad Rügens. Da es am Bodden liegt, war ihm aber kein großer Erfolg beschieden.

Das schöne Residenzschloss steht nicht mehr – 1962 wurde es gesprengt und abgetragen. Mittelpunkt von Putbus bildet der riesige, kreisrunde, *Circus* genannte Platz, in dessen Mitte ein schlanker Obelisk an die Stadtgründung erinnert.

BESICHTIGUNGEN

Park
Im englischen Stil angelegter, gut 75 ha großer Landschaftspark mit seltenen und kostbaren Gehölzen. Fürst Wilhelm Malte I. schaut in Richtung des nicht mehr vorhandenen Schlosses (Denkmal von Friedrich Drake). Im Mausoleum stehen die Sarkophage von Angehörigen des Putbusser Fürstenhauses, die zwischen 1868 (Fürstin Wanda) und 1927 (Fürst Franz) verstarben. In der Orangerie von 1853 finden heute Kunstausstellungen statt.

»Rasender Roland«
★ Die von einer Dampflok gezogene Schmalspurbahn verbindet ganzjährig von Putbus aus die ostrügischen Seebäder. Endstation ist Göhren. *Auskunft: Rügensche Kleinbahn, Tel. 038301/801 12*

ÜBERNACHTUNG/RESTAURANTS

Nautilus
★ ✪ Ein gastronomisches Erlebnis im Ortsteil Neukamp: Essen und Trinken im legendären U-Boot von Käpt'n Nemo aus dem Roman »20 000 Meilen unter dem Meer« von Jules Verne. Wer die Atmosphäre länger genießen möchte, bucht eins der 29 Zimmer und übernachtet hier auch. *Dorfstr. 116 (OT Neukamp), Tel. 038301/830, Fax 608 60, €€*

Wreecher Hof
Eine der exklusivsten Adressen Rügens. Die Hotelanlage mit rohrgedeckten Häusern bietet 42 Zimmer, ein Schwimmbad und ein gemütliches Restaurant mit erlesener Küche. *Kastanienallee (OT Wreechen), Tel. 038301/850, Fax 851 00, €€€*

AM ABEND

Im Jahre 1821 hob sich zum ersten Mal der Vorhang im fürstlichen *Theater*. Der Zuschauerraum in dem klassizistischen Bauwerk ist nahezu unverändert erhalten. *Alleestr. 9 a, Tel. 038301/808 30, Faxabruf für Spielplan, Sitzplan und Bestellformular 038301/808 38*

AUSKUNFT

Putbus-Information
Alleestr. 5, 18581 Putbus, Tel. 038301/431, Fax 870 59, E-Mail putbus@putbus.de

ZIELE IN DER UMGEBUNG

Garz **(114/C 5)**
Das Museum in Rügens ältester Stadt (1900 Ew.), die aus einer slawischen Fürstenresidenz hervorging, ist Ernst Moritz Arndt gewidmet, dem Wortführer der deutschen Einheit. *Mai bis Okt. Mo–Sa 10–16 Uhr, Nov.–April 11–15 Uhr, An den Anlagen.* Geboren wurde Arndt 1769 im 5 km entfernten Groß Schoritz, wo an ihn im Gutshaus eine kleine Ausstellung erinnert. *Tgl. 8–18 Uhr*

Insel Vilm **(115/D 5)**
Eines der großartigen Naturschutzgebiete (schon seit 1936) an der Ostseeküste. Zu DDR-Zeiten von der Öffentlichkeit abgeschirmtes Urlaubsdomizil hoher Partei- und Staatsfunktionäre. Die Insel darf täglich nur von 30 Touristen betreten werden, um ihre Ursprünglichkeit zu erhalten. *Anmeldungen: Tel. 038301/618 96, Fax 618 74*

SASSNITZ

(115/D-E 2-3) Der erst 1957 zur Stadt erhobene Ort (12 000 Ew.) bildet das Tor zu Skandinavien und ist Ausgangspunkt für Wanderungen in den Nationalpark Jasmund mit den Kreidefelsen. In dem durch die 1510 m lange Steinmole geschützten Stadthafen liegen Kutter, die zu Schiffsreisen zum Kap Arkona, vorbei am Königsstuhl, auslaufen.

MUSEUM

Fischerei- und Hafenmuseum
Der pensionierte Kutter »Havel« ist besonders sehenswert. *Di–So 10–17 Uhr, April–Okt. auch Mo, Stadthafen*

RESTAURANT

König Gustav
Restaurant mit solider Küchenleistung. *Hauptstr. 10 a, Tel. 038392/223 59, €€*

ÜBERNACHTUNG

Waterkant
Hotel garni oberhalb des Hafens mit persönlicher Atmosphäre. Toller Ausblick auf den Hafen und das Meer. *16 Zi., Walterstr. 3, Tel. 038392/509 41, Fax 508 44, €€*

AUSKUNFT

Fremdenverkehrsbüro
Seestr. 1, 18546 Sassnitz, Tel. 038392/51 60, Fax 516 16, E-Mail fvb-sassnitz@t-online.de

ZIELE IN DER UMGEBUNG

Kap Arkona **(114/C 1)**
An die slawische Ranenburg erinnert noch ein beachtlicher Wall. Den kleinen, viereckigen Leuchtturm mit mehreren Ausstellungen hat der berühmte Karl Friedrich Schinkel erbaut. Seit 1902 schickt der daneben stehende, runde Turm bei Dunkelheit Lichtblitze hinaus aufs Meer. Von beiden Leuchttürmen sowie vom nahen ehemaligen Marinepeilturm haben Sie einen herrlichen Rundblick. Im Rügenhof Arkona stehen rü-

gentypische Produkte zum Kauf, dürfen Sie Töpfern, Kerzenziehern, Bernsteinschleifern und Glasbläsern über die Schulter schauen. *Alle Einrichtungen Jan. bis März tgl. 10–16, April, Mai, Sept., Okt. 10–18, Juni 9.30–20, Juli, Aug. 9–21, Nov., Dez. 11–15 Uhr. Das Auto muss in Putgarten stehen bleiben, von dort 2,5 km zu Fuß, mit der Parkbahn oder der Pferdekutsche.*

Königsstuhl **(115/E 2)**
★ Ein Besuch des 117 m hohen Kreidefelsens gehört zum »Muss« eines jeden Rügenbesuchers. Im Sommer strömen Tausende zur Aussichtsplattform, für deren Betreten Eintritt verlangt wird. In seiner vollen Schönheit präsentiert sich der Kreidefelsen vom Strand aus (Abstieg südlich). *Das Auto muss auf dem Parkplatz Hagen abgestellt werden, von dort regelmäßiger Busverkehr.*

Schaabe **(114/C 2)**
Die 8 km lange und teilweise etwa 800 m breite Nehrung zwischen den Halbinseln Wittow und Jasmund besitzt den wohl schönsten Strand Rügens. Er ist ein Eldorado für FKK-Anhänger. Mehrere Parkplätze sind direkt an der Straße vorhanden.

Vitt **(114/C 1)**
Der Ortsteil von Putgarten gilt als Rügens romantischster Ort. In einem tiefen Einschnitt des Hochufers drängen sich dreizehn Häuser und eine Gaststätte. Die schlichte achteckige Kapelle auf dem Steilufer wurde 1816 geweiht, seit 1990 schmückt sie ein großes Wandgemälde des italienischen Realisten Gabriele Mucchi. *Für PKW gesperrt, vom Parkplatz Putgarten verkehren die Parkbahn und Pferdekutschen.*

Wissower Klinken **(115/E 2)**
Die Wissower Klinken sind nicht so überlaufen wie der Königsstuhl. Zu den spitzen Kreidekegeln führt von Sassnitz der mit blauen Balken markierte Hochuferweg, er beginnt am Ende der Strandpromenade. Für motorisierte Touristen: Von der Straße *Sassnitz–Stubbenkammer* biegt rechts ein Weg ab.

SELLIN

(115/E 4) Eine vor rund 100 Jahren angelegte Lindenallee mit kleinen Hotels und Pensionen im Stil der Bäderarchitektur führt zur Steilküste des Ostseebades Sellin (2700 Ew.). Von dort bietet sich ein herrlicher Blick auf den schmalen Strand und die 1998 fertig gestellte, 394 m lange Seebrücke mit ihren nach historischen Vorbildern wiedererrichteten Aufbauten. Neben der steilen Treppe mit 87 Stufen gibt es einen Aufzug zur Seebrücke und zum Strand. Der alte Dorfkern des im 13. Jh. erstmals erwähnten Ortes liegt am *Selliner See.*

RESTAURANTS

Seebrücke
In den historisch nachgestalteten Aufbauten der Brücke entstanden zwei Restaurants auf jeweils zwei Ebenen: links der *Palmengarten,* rechts der *Kaiserpavillon. Tel. 038303/8290,* €€

Selliner Kleinbahnhof
Für Eisenbahnfreaks und Feinschmecker der rechte Ort! *An der B 196, Tel. 038303/87971,* €€

EINKAUFEN

»Kommen, kieken, köpen«, heißt es im *Katen, Granitzer Str. 11.* Angeboten werden rügentypische Souvenirs.

ÜBERNACHTUNG

Cliff-Hotel
Großzügige Hotelanlage. Gästeaufzug zum Strand; behindertengerecht. Das Wetter live zeigt die Kamera auf dem Hoteldach: *www.cliff-hotel.de/livecam.htm. 247 Zi., Siedlung am Wald, Tel. 038303/ 8484, Fax 8495, €€€*

Villa Subklew
Familiär geführtes Hotel mit modernem Komfort. *29 Zi., Warmbadstr. 1, Tel. 038303/85987, Fax 87342, €€*

SPIEL UND SPORT

Die *Rülax-Wellness-Welt* im Cliff-Hotel bietet vielseitigen Badespaß, in der *Nemo-Wasserwelt* im Seepark Sellin stellt die 100 m lange Rutsche die größte Attraktion dar. Der Strand wird durch das Hochufer vor Westwinden geschützt, am Südstrand gibt es eine 127 m lange Wasserrutsche.

AUSKUNFT

Kurverwaltung
Warmbadstr. 4, 18586 Ostseebad Sellin, Tel. 038303/1611, Fax 87205, E-Mail kv@ostseebad-sellin.de

ZIEL IN DER UMGEBUNG

Baabe **(115/E4)**
Das von Laub- und Nadelwald umgebene Baabe (800 Ew.) – empfehlenswert für jene, die einen ruhigen Seeurlaub verbringen möchten – entwickelte sich erst nach dem Ersten Weltkrieg zum Badeort. Eine breite Allee führt zum 2 km langen und bis zu 25 m breiten Sandstrand. In die Kirche, 1930 nach dem Entwurf eines Kurgasts erbaut, wird in der Saison oft zu Kunstausstellungen und Musikveranstaltungen geladen.

STRALSUND

☛ **Stadtplan in der hinteren Umschlagklappe**

(114/A5–6) Die Stadt (63 700 Ew.) ist voller bedeutender Bauwerke und Kunstschätze, die vom Reichtum zur Hansezeit künden. Hoch ragen die Türme der drei städtischen Pfarrkirchen in den Himmel, und jahrhundertealte Bürgerhäuser schmücken die Straßen und Plätze. Das Herz Stralsunds bildet der Alte Markt mit einem schönen und historisch sehr bedeutenden Rathaus. In seinen Mauern schlossen im Jahre 1370 die Hanse und der dänische König den Stralsunder Frieden.

Stralsund ist von drei Seiten (Strelasund, Knieperteich und Frankenteich) von Wasser umgeben. Seit 1936 verbindet der 2480 m lange Rügendamm Deutschlands größte Insel mit der Hansestadt Stralsund. Von Altefähr auf Rügen bietet sich ein eindrucksvolles Bild auf die Stadt, von dem schon Wilhelm von Humboldt vor 200 Jahren schwärmte.

BESICHTIGUNGEN

Marienkirche
Gotische Backsteinbasilika mit einem der größten Hauptschiffe

(99 m lang und 32,5 m hoch) an der gesamten Ostseeküste. Napoleons Truppen missbrauchten den Sakralbau am Neuen Markt zu Anfang des 19. Jhs. als Heu- und Waffenmagazin. Eine Kostbarkeit stellt die Barockorgel mit 3500 Pfeifen von Friedrich Stellwagen dar, die Orgelkonzerte in den Sommermonaten sind ein wahrer Ohrenschmaus. Der phantastische Blick vom Turm lohnt den mühseligen Aufstieg unbedingt.

Nikolaikirche

Erster Nachfolgebau der Lübecker Marienkirche, die als Prototyp der Backsteingotik im Ostseeraum gilt. Die gigantische Backsteinbasilika am Alten Markt birgt reiche Kunstschätze. Das 600 Jahre alte Kruzifix über dem Hochaltar hat eine Höhe

Das Rathaus und die Nikolaikirche in Stralsund

Bismarck-Hering

Dem cleveren Stralsunder Kaufmann Johann Wichmann haben wir den Bismarck-Hering zu verdanken. Wichmann schickte 1871, im Jahr der Reichsgründung, Otto von Bismarck ein Holzfässchen. Darin lagen entgrätete, sauer marinierte Ostseeheringe, die Spezialität der Wichmannschen Fischkonservenfabrik in der Fährstraße. Bismarck bedankte sich höflich mit einem von eigener Hand geschriebenen Brief, und umgehend ging erneut ein Fässchen auf die Reise nach Berlin. Diesmal lag die Anfrage bei, ob der Herr Reichskanzler einverstanden sei, dass die Delikatesse seinen Namen trage. Bismarck gab seine Zustimmung.

von 5 m, die astronomische Uhr wurde laut Inschrift 1394 vollendet. Der Innenraum besitzt eine gotische Ausmalung aus dem 14. und 15. Jh.

Rathaus

Interessanter Profanbau der Backsteingotik mit 600 Jahre alter Schaufassade an der Marktseite mit Stadtwappen von Hamburg, Rostock, Wismar, Lübeck, Stralsund und Greifswald. Im Durchgangshof eine Barockgalerie und die Büste des Schwedenkönigs Gustav II. Adolf, die an die fast 200-jährige Schwedenherrschaft erinnert. Das *Wulflamhaus* gegenüber dürfte Stralsunds schönstes und ältestes gotisches Bürgerhaus sein. Um 1370 hatte es sich Bürgermeister Wulflam erbauen lassen.

Schiffer-Compagnie

Die 1488 gegründete Vereinigung von Seeleuten pflegt Stralsunds große Schifffahrtstradition; bereits 1635 zog sie in ihr heutiges Domizil. Zu sehen ist u.a. das Modell des schwedischen Linienschiffs »Prinz Carl«, das vor 200 Jahren als Geschenk nach Stralsund kam. *Mo–Fr 9 bis 11.30, 13–15.30 Uhr, Frankenstr. 9*

MUSEEN

Deutsches Meeresmuseum

Die große Attraktion in dem in Mitteleuropa einzigartigen Museum bildet das Meeresaquarium. In den riesigen Becken tummeln sich hinter 6 cm starken Scheiben die unterschiedlichsten Bewohner aller Weltmeere. Originalgetreu aufgebaut wurde z.B. der 5 m hohe Ausschnitt eines Korallenriffs aus dem Roten Meer. Schaufüttern *Sa, So und an Feiertagen um 11 Uhr. Tgl. 10–17 Uhr, Juli, Aug. 9–18 Uhr, Katharinenberg 14–17*

Kulturhistorisches Museum

Das bereits 1858 gegründete Museum befindet sich im Ostteil des ehemaligen Katharinenklosters, einer der größten mittelalterlichen Anlagen an der Ostseeküste. Die wertvollsten Exponate sind der rund 1000 Jahre alte Hiddenseer Goldschmuck und das Bild »Elblandschaft« von Caspar David Friedrich. *Di–So 10–17 Uhr, Mönchstr. 25–27*. In einem alten Getreidespeicher zeigt das Museum außerdem eine ethnografische Ausstellung. *Di–So 10–17 Uhr, Böttcherstr. 23*

Nautineum Dänholm
In dem weitläufigen Freigelände und in einer Ausstellungshalle auf der Insel Dänholm sind Großgeräte der Meeres- und Fischereiforschung, Boote, ein Reusenplatz der Fischer sowie Deutschlands größter Eisbrecher »Stephan Jantzen« zu sehen. Die Attraktion bildet das 86 t schwere und 14 m lange Unterwasserlabor »Helgoland«, in dem Wissenschaftler wochenlang lebten. *Mai–Sept. tgl. 10 bis 17 Uhr*

RESTAURANTS/CAFÉ

Braugasthof Zum Alten Fritz
Rustikale Küche in den Gemäuern der alten Stralsunder Brauerei. *Greifswalder Chaussee 84/85, Tel. 03831/25 55 00, €€*

Klabautermann
Urgemütliche Hafenkneipe, in der man sich bestens auf die Zubereitung bodenständiger Köstlichkeiten versteht. *Am Querkanal 2, Tel. 03831/29 36 28, €€*

ÜBERNACHTUNG

Baltic
Stilvoll eingerichtete 135 Zimmer, zum Teil mit Blick auf die Insel Rügen. Wellnessbereich mit Sauna, Solarium, Fitnesscenter. *Frankendamm 22, Tel. 03831/20 40, Fax 20 49 99, €€€*

Hotel Zur Post
Für gehobenen Komfort moderate Preise. *108 Zi., Tribseer Str. 22/Am Neuen Markt, Tel. 03831/20 05 00, Fax 20 05 10, €€*

Norddeutscher Hof
Hübsches kleines Haus, direkt neben der Marienkirche, *13 Zi., Neuer Markt 22, Tel. 03831/29 31 61, Fax 28 79 39, €€*

Jugendherberge
In den historischen Gebäuden Wasserkunst und Kütertor. *180 Betten, 8 Familienzi., Mitte Dez. bis Mitte Jan. geschl., Am Kütertor 1, Tel. 03831/29 21 60, Fax 29 76 76, €*

SPIEL UND SPORT

Hansedom
★ Ein in seiner Vielfalt einzigartiges Wasser-, Saunen- und Sportzentrum. Die Wassererlebnis- und Saunenwelt bietet Badevergnügen im Innen- und Außenbereich, Wellenbad unter Palmen, Ostseestrand mit Strandkörben und Maurisches Badehaus, das Sportzentrum, Fitnessclub, Tennisplätze, Squashcourts. *Grünhofer Bogen 18–20, tgl. geöffnet*

AM ABEND

Oper, Operette, Schauspiel, Ballett und Konzerte im *Theater Vorpommern, Olof-Palme-Platz 1, Tel. 03831/264 60.* Im Sommer Orgelkonzerte in der *Marienkirche.*
Am späten Abend trifft man sich in der *Bar Hemingway, Tribseer Str. 22 (im Hotel zur Post)*, zum Absacker. In der *Spielbank, Tribseer Damm (im Hanse Center)*, wird Amercian Roulette und Black Jack gespielt; dienstags und donnerstags ab 20 Uhr kostenlose Einführung in das Glückspiel.

AUSKUNFT

Stralsund-Information
Ossenreyerstr. 1/2 (neben dem Rathaus), 18439 Stralsund, Tel. 03831/246 90, Fax 24 69 49, E-Mail info-hst@t-online.de

Die »Badewanne« der Berliner

Nostalgische Seebäder, verträumte Fischerdörfer, stille Achterwasserbuchten und monumentale Backsteinkirchen

Die Insel Usedom mit ihrer Ausdehnung von 445 km^2 bietet wohl alles, was zu einer schönen Ferieninsel gehört: Breite Sandstrände, Seebäder mit Kurpromenaden und -konzerten oder einsame Seen und romantische Fischerdörfer mit rohrgedeckten Häuschen. Deutschlands zweitgrößte Insel ist dabei, wieder die Badewanne der Berliner zu werden – wie in den 20er- und 30er-Jahren des 20. Jhs.

Eine 10 km lange Strandpromenade verbindet die Seebäder Bansin, Heringsdorf und Ahlbeck, die sich in Erinnerung an ihre reiche Geschichte wieder »Kaiserbäder« nennen. Neben Zinnowitz im Nordteil Usedoms sind diese Orte die touristischen Hauptanziehungspunkte der Insel.

Am Ende des Zweiten Weltkriegs musste ein Viertel Usedoms mit der Kreis- und Hafenstadt Swinemünde an Polen abgetreten werden.

Die Architektur der Jahrhundertwende prägt das Gesicht des Seebades Bansin

Wer sich Usedom vor der Anreise aus der höheren Perspektive anschauen möchte, sollte in Wolgast auf den Turm der Petrikirche steigen. Der prachtvolle Rundblick reicht bis zur Hanse- und Universitätsstadt Greifswald, deren Silhouette so erhalten blieb, wie sie Caspar David Friedrich einst malte.

Über die Insel Usedom gibt es einen eigenen MARCO POLO Band vom selben Autor.

AHLBECK

(117/F3) Mit seinen vielen, in der Manier der Bäderarchitektur gebauten Häusern und seiner Strandpromenade, die sich bis nach Bansin erstreckt, ist Ahlbeck (4000 Ew.), das größte Seebad Usedoms, ein attraktives Ferienziel. Im Seebadeprospekt von 1911 wird Ahlbeck als »deutsches Volksbad an der Ostsee« vorgestellt, in dem sich alle, »von fürstlichen Persönlichkeiten bis zur armen Näherin gleichermaßen erholen können«. Diesen Ruf hat sich Ahlbeck heute schon fast wieder zurückerworben.

BESICHTIGUNG

Seebrücke
★ Das Wahrzeichen von Ahlbeck und mittlerweile der gesamten Insel Usedom. Die Holzkonstruktion mit den charakteristischen vier Türmchen ist das einzige Bauwerk dieser Art, das an der Ostseeküste Mecklenburg-Vorpommerns im Original erhalten blieb. Man kann im Seebrückenrestaurant verweilen, auf der Aussichtsplattform sitzen oder auf dem Seesteg 280 m weit aufs Meer spazieren.

RESTAURANTS/CAFÉ

La Mer
Absolute Spitze: das Panoramarestaurant im Strandhotel, zu dem Sie ein gläserner Außenfahrstuhl bringt. Platzreservierung in der Saison erforderlich. *Dünenstr. 19–21, Tel. 038378/520,* €€€

Seebrücke
Über den Ostseewellen essen und trinken. *Tel. 038378/283 20,* €€

ÜBERNACHTUNG

Idyll am Wolgastsee
Direkt am 3 km von Ahlbeck entfernten Wolgastsee. *19 Zi., Hauptstr. 9, 17419 Korswandt, Tel. 038378/221 16, Fax 225 46,* €€

Romantik Seehotel Ahlbecker Hof
Das Nobelhotel besitzt den wohl anspruchsvollsten Wellnessbereich ganz Mecklenburg-Vorpommerns, direkt an der Strandpromenade. *67 Zi. und Suiten, Dünenstr. 47, Tel. 038378/620, Fax 621 00,* €€€

SPIEL UND SPORT

Breiter, flach ins Meer verlaufender Sandstrand, für Kinder ideal. Zum Freizeitangebot gehören Tennis, Minigolf, Kutschfahrten und Bootsverleih.

Badespaß vielfältiger Art bietet das täglich geöffnete ★ Erlebnisbad *Ostseetherme* an der B 111. Sechs verschiedene Schwimmbecken, Grottenrutsche, römisches Dampfbad, Wasserfälle, Luftsprudelbecken und vieles mehr unter einer Glaskuppel.

MARCO POLO TIPPS FÜR GREIFSWALD UND USEDOM

1. **Pommersches Landesmuseum**
   Gemäldegalerie mit international bedeutenden Werken (Seite 82)
2. **Seebrücke Ahlbeck**
   Einziges historisches Bauwerk dieser Art im Land (Seite 78)
3. **Erlebnisbad Ostseetherme**
   Badespaß für Jung und Alt (Seite 78)
4. **Heringsdorf**
   Pensionen aus der Kaiserzeit und eine 508 m lange Seebrücke (Seite 83)

Ein Paradies für Kinder: der flach abfallende Sandstrand von Ahlbeck

AUSKUNFT

Kurverwaltung
Dünenstr. 45, 17419 Seebad Ahlbeck, Tel. 038378/24414, Fax 24418, E-Mail info.kaiserbaeder@t-online.de

ZIELE IN DER UMGEBUNG

Anklam **(116/C 4)**
Die einstige Hansestadt (16 600 Ew.) ist ein gutes Ausflugsziel für einen Schlechtwettertag. Der Flugpionier Otto Lilienthal kam 1848 hier zur Welt. Ihm ist das *Museum* in der *Ellbogenstr. 1 a, Di bis Fr 10–16, So 14–16, Mai–Sept. auch Sa 14–17 Uhr,* gewidmet. Im 32 m hohen Steintor befindet sich das *Museum Anklam,* es ist wie das Lilienthal-Museum geöffnet.

Świnoujście/Swinemünde **(117/F 4)**
Der ehemalige Hauptort der Insel Usedom gehört seit 1945 zu Polen. Swinemünde (45 000 Ew.) ist Hafenstadt, Seebad und Kurort zugleich. Usedom-Urlauber (und Einheimische) fahren jedoch fast ausschließlich zum preiswerten Einkaufen in die polnische Stadt. Der Grenzübergang (nur für Fußgänger und Fahrradfahrer) hat durchgehend geöffnet. Taxis und Pferdekutschen stehen auf polnischer Seite reichlich bereit. Das *Museum für Hochseefischerei* im ehemaligen Rathaus zeigt auch Fotos vom alten Swinemünde *(Di–Fr 9–15, Sa, So 11–15 Uhr, Plac Rybacki 1).* Seit Sommer 2000 ist der *Leuchtturm* für Besucher erstmals zugänglich – 300 Stufen sind zu erklettern, um auf die Aussichtsterrasse in 60 m Höhe zu gelangen. *Tgl. 10–18 Uhr*

Usedom **(117/D 4)**
Ein liebenswertes, ruhiges Städtchen (2200 Ew.) mit der wuchtigen backsteinernen Marienkirche am Markt. Bis heute wird gerätselt, ob die Insel der Stadt oder die Stadt der Insel den Namen gab. Auf dem Schlossberg steht ein Kreuz aus Granit zur Erinnerung an die Predigt des Bischofs Otto von Bamberg zur Christianisierung im Jahre 1128. Von den einst drei Stadttoren ist noch das Anklamer Tor (um 1450) erhalten. Gute Küche bietet am Markt das Restaurant des Hotels *Norddeutscher Hof, Tel. 038372/702 66,* €

Das Anklamer Tor in Usedom mit der Marienkirche im Hintergrund

BANSIN

(117/F3) Als »gemütliches Familienbad« bezeichnet sich das kleine Ostseebad, das am Rande eines Mischwaldes und unweit stiller Binnenseen liegt. Bansin (2500 Ew.) ging nicht aus einem Fischer- oder Bauerndorf hervor, sondern wurde 1897 eigens als Erholungsort gegründet. Das Gesicht des Ortes prägen deshalb kleine, meist zu Beginn des 20. Jhs. erbaute Hotels und Pensionen.

RESTAURANTS/ÜBERNACHTUNG

Hotel zur Post
Liebenswertes Hotel; wer völlige Ruhe mag, bucht ein Zimmer zum Hof. Im Restaurant regionale und internationale Küche. *60 Zi., Seestr. 5, Tel. 038378/560, Fax 562 20, €€*

Romantik-Strandhotel Atlantic
Kleines, charmantes Haus in Toplage mit 26 Zimmern und zwei Kegelbahnen. Im *Atlantic-Pub* (Eingang von der Bergstraße) tolles maritimes Ambiente. *Strandpromenade 18, Tel. 038378/605, Fax 606 00, Hotel €€€, Atlantic Pub €*

SPIEL UND SPORT

Breiter, steinfreier Sandstrand, FKK in Richtung Steilküste. Katamaran-Tretboote, Ruder- und Segelbootverleih am Strand, Tennisplätze im Bäderpark.

AUSKUNFT

Kurverwaltung
Haus des Gastes (an der Strandpromenade), 17429 Seebad Bansin, Tel. 038378/470 50, Fax 47 05 15, E-Mail info.kaiserbaeder@t-online.de

ZIELE IN DER UMGEBUNG

Benz **(117/E3)**
Das hübsche kleine Dorf schmückt sich mit rohrgedeckten Häuschen und einer Holländerwindmühle. Die Kirche gehört dank ihrer Innenausstattung zu den besonders schönen Gotteshäusern. In einer alten, modernisierten Scheune etablierte sich das *Kunst-Kabinett, Kirchstr. 14 a,* das wechselnde Ausstellungen zeigt. Auf dem Friedhof fanden Otto Niemeyer-Holstein, der 1984 verstorbene Altmeister der norddeutschen Landschaftsmalerei, und der 1999 verstorbene Schauspieler Rolf Ludwig, in der DDR einer der Publikumslieblinge, ihre letzte Ruhestätte. Ein schöner Blick auf das Dorf und die Umgebung bietet sich vom Kückelsberg (58,3 m).

Lieper Winkel **(117/D3)**
In das Achterwasser ragende Halbinsel mit den Dörfern Warthe und Liepe. Bevorzugtes Wan-

derziel jener, die der Betriebsamkeit der Seebäder entfliehen wollen. Die schönste Aussicht auf den Peenestrom haben Sie von der Steilküste bei Quilitz.

GREIFSWALD

Stadtplan in der hinteren Umschlagklappe

(116/A 2) Wie zu Caspar David Friedrichs Zeiten bestimmen die Türme der drei gotischen Backsteinkirchen die Stadtsilhouette: der »lange Nikolaus« (Dom St. Nikolaus), die »dicke Marie« (St. Marien) und der »kleine Jakob« (St. Jakobi). Die Stadtgeschichte beginnt mit der Gründung des Klosters Eldena, dessen Ruine Greifswalds berühmtester Sohn Caspar David Friedrich zu immer neuen Bildern inspirierte. Seit 1456 beherbergt die Stadt Norddeutschlands zweitälteste Universität.

Greifswald (54 000 Ew.) erlitt in den letzten Tagen des Zweiten Weltkriegs nicht das Schicksal sinnloser Zerstörung wie viele vorpommersche Städte. Dem mutigen Einsatz des damaligen Rektors der Universität, Carl Engel, und des Stadtkommandanten, Oberst Rudolf Petershagen, ist die kampflose Übergabe an die Rote Armee zu danken; daran erinnern Bronzereliefs an der zweiflügeligen Rathaustür.

BESICHTIGUNGEN

Eldena

Gegründet wurde das Kloster Hilda, später Eldena genannt, 1199 von Zisterziensermönchen. Berühmtheit erlangte die Ruine durch Gemälde des 1774 in Greifswald geborenen Landschaftsmalers Caspar David Friedrich. Die Stadtteile Eldena und Wieck verbindet eine nach holländischem Vorbild erbaute hölzerne Klappbrücke über den Ryck.

Kirchen

Die drei bedeutenden Backsteinkirchen der Stadt sind erstmals im Jahr 1280 genannt. Sie stehen in der historischen Altstadt dicht beieinander. Im *Dom St. Nikolai* können die ersten Professoren der Greifswalder Universität betrachtet werden. Auf dem über 500 Jahre alten spätgotischen Gemälde steht der Universitätsgründer Heinrich Rubenow ganz links. In den östlichen Kapellen des südlichen Seitenschiffes befinden sich Wandmalereien aus dem Mittelalter. Vom mächtigen Westturm hat man einen sehr guten Ausblick ins Land. In der *Marienkirche* sind über 300 Grabplatten im Fußboden verlegt oder in den Seitenschiffen aufgestellt. Außen sollte man unbedingt den Ostgiebel betrachten: Seine maßwerkverzierten spitzbogigen Blenden sind eine bedeutende Leistung norddeutscher Backsteingotik. Schmuckstücke der *Jakobikirche* sind das mehrfach abgestufte Turmportal und das Kreuzrippengewölbe aus dem 14. Jh.

Marktplatz

Der von Bürgerhäusern aus Gotik, Renaissance und Barock umgebene alte Markt ist die gute Stube der Stadt. Glanzpunkt bildet das *Giebelhaus Nr. 11*, das mit der zerfallenden *Nr. 13* zu den hervorragenden Beispielen gotischer Backsteinarchitektur zählt. Das freistehende *Rat-*

Eine hölzerne Klappbrücke verbindet die Stadtteile Eldena und Wieck

haus an der Westseite war einst Kauf- und Handelshaus. In neogotischen Formen präsentiert sich das Haus der *Ratsapotheke*.

Universität
Der Mathematikprofessor Andreas Meyer verstand auch etwas von Architektur: Von ihm stammt der Entwurf für das barocke Hauptgebäude der heutigen Vorpommerschen Landesuniversität. Rund 250 Jahre ist es alt. Um das Rubenow-Denkmal auf dem Platz vor der Universität sind vier Professoren (sitzend) und vier Pommernfürsten (stehend) in Stein gemeißelt, die sich um die Universität verdient gemacht haben. *Domstraße*

MUSEUM

Pommersches Landesmuseum
★ Mit dem Quistorp-Gebäude öffnete im Sommer 2000 der erste Teil des neuen Museums, 2004 wird alles fertig sein. Vorerst ist die Gemäldegalerie zu besichtigen. Interessant ist das Akustische Führungssystem: Über Kopfhörer erfahren Sie Wissens- und Staunenswertes zu einzelnen Epochen, Ojekten und Bildern, die nach Belieben ausgewählt werden können. *Di–So 10–18 Uhr, Theodor-Pyl-Str. 1–2*

RESTAURANTS

Alter Speicher
Eine gute Adresse in der Hansestadt, rustikal-maritimes Ambiente. *Roßmühlenstr. 25, Tel. 03834/777 00, €€€*

Braugasthof Zum alten Fritz
Zur rustikalen Küche im alten Brauhaus schmeckt die naturtrübe Bierspezialität »Zwickelfritz«. *Am Markt 13, Tel. 03834/578 30, €€*

Fischer-Hütte
Urige Fischerkneipe an der Wiecker Klappbrücke. *An der Mühle 8, Tel. 03834/89 36 54, €€*

EINKAUFEN

Schuhhagen und *Lange Straße* bilden die Haupteinkaufsmeile der Stadt. Die moderne *Dompassage* (Lange Straße) vereint drei Dutzend Geschäfte, eine Bowlinganlage und ein Kinocenter.

ÜBERNACHTUNG

Dorint Hotel Greifswald
Abseits vom touristischen Trubel und dem Stadtzentrum. *122 Zi., Am Gorzberg, Tel. 03834/54 40, Fax 54 44 44, €€*

Jugendhotel Greifswald
146 Doppelzimmer zu günstigen Preisen, Bowlingcenter und Restaurant. Der Innenhof wird für Grillfeten und sportliche Betätigung genutzt. *Brandteichstr. 5-8, Tel. 03834/57 30 10, Fax 57 30 19, €*

Kronprinz
Ideale Citylage, dennoch ruhig gelegen. *31 Zi., Lange Str. 22, Tel. 03834/79 00, Fax 79 01 11, €€*

SPIEL UND SPORT

Das Freizeitbad hat 1300 m^2 Wasserfläche, es bietet Spaßbecken mit Sprudelliegen und Wildwasserkanal, eine 40 m lange Rutsche, Saunen und vieles mehr. *Pappelallee 10*

AM ABEND

Der *Studentenklub Kiste, Makarenkostr. 49,* bietet Disko, Kino und anderes. Los geht's in der *Disko Fly In (Di, Fr, Sa), Gaußstr. 12.* Guten Ruf besitzt das *Theater Vorpommern*: Oper, Operette, Schauspiel, Sinfoniekonzerte, *Anklamer Straße, Tel. 03834/572 22 24.*

AUSKUNFT

Fremdenverkehrsverein
Schuhhagen 22, 17489 Greifswald, Tel. 03834/34 60, Fax 3788, E-Mail fvv@t-online.de

HERINGSDORF

(117/F 3) ★ Vieles erinnert noch an jene Zeit, als Heringsdorf (3700 Ew.) das Seebad der Aristokratie und Hochfinanz war. So weilte Kaiser Wilhelm II. um die Jahrhundertwende mehrfach in dem

Kleines maritimes Lexikon

Bodden - Ostseebucht mit schmalem Meerzugang
Bojen - schwimmende Seezeichen
Brise - frischer Wind, »tolle Brise« steht auch für alkoholische Schlagseite
Haken - vom Meer durch Sandablagerungen gebildete Landzunge
Kliff - niederdeutsche Bezeichnung für Steilküste
maritim - das Meer, die Seefahrt betreffend
Votivschiff - einem Heiligen gewidmetes Schiffsmodell in der Kirche
Wiek - niederdeutsch für flache Bucht

Seebad. Aus dieser Zeit stammen zahlreiche der prachtvollen Hotels, Pensionen und Villen im Stil der Bäderarchitektur. Kultur- und Begegnungsstätte bildet das neue Usedom-Forum.

BESICHTIGUNG

Seebrücke

Mit 508 m die längste bewirtschaftete Seebrücke Kontinentaleuropas. Kino, Café, Restaurant, Fitnesscenter, Ferienwohnungen, Geschäfte und ein Restaurant im Brückenkopf machen sie zur prachtvollsten Usedoms. Das war sie schon einmal, nämlich bis 1958, als Brandstiftung die Brücke vernichtete.

MUSEEN

Muschelmuseum

Muscheln, Schnecken, Korallen in großer Vielfalt, ansprechend präsentiert. *Tgl. 10–18 Uhr, Seebrücke (im Landgebäude rechts)*

Museum Villa Irmgard

Museum für Literatur- und Regionalgeschichte. Informationen gibt es vor allem über den großen russischen Dichter Maxim Gorki, der 1922 in dem Haus wohnte. *Di–So 10–18 Uhr, Maxim-Gorki-Str. 13*

RESTAURANTS

Des Kaisers Pavillon

Im Ambiente wie zu Kaisers Zeiten schmeckt das Essen. *Brunnenstr. 1, Tel. 038378/227 45, €€*

Seebrückenrestaurant

Im Brückenkopf darf gewählt werden: Wer es eilig hat, geht ins *Nauticus*, wer sich verwöhnen lassen möchte, zu *Käpt'n N.; Seebrücke, Tel. 038378/288 17, €€€–€€*

ÜBERNACHTUNG

Haus Flora

Kinderfreundliche Pension mit großer Gartenanlage, 5 Min. zum Strand. *15 Zi., Kirchsteig 2, Zufahrt über die Kulmstraße, Tel./Fax 038378/228 05, €–€€*

Maritim Hotel Kaiserhof

Toplage, direkt an der Strandpromenade unweit der neuen Seebrücke, Schwimmbad mit Sauna und Fitnesseinrichtungen. *133 Zi., Kulmstr. 33, Tel. 038378/650, Fax 658 00, €€€*

Jugendherberge

An der Strandpromenade in einer Grünanlage. *167 Betten, Puschkinstr. 7–9, Tel. 038378/223 25, Fax 323 01, €*

SPIEL UND SPORT

Wunderschöner breiter Sandstrand, der Zugang zum FKK-Teil zwischen Minigolfanlage und Lierstraße. Tennis, Minigolf, Bootsverleih und Kutschfahrten.

AM ABEND

Über 200 verschiedene Veranstaltungen gibt es von Mitte Mai bis Ende August im roten, 250 Zuschauer fassenden *Theaterzelt*. Das Programm reicht von Schauspiel über Artistik, von Jazz bis zum Puppenspiel. *Strandpromenade*. In der *Spielbank* im Usedom-Forum stehen achtzig Glücksspielautomaten, im großen Saal wird American Roulette und Black Jack gespielt.

AUSKUNFT

Kurverwaltung
Kulmstr. 33, 17424 Seebad-Heringsdorf, Tel. 038378/24 51, Fax 24 54, E-Mail info.kaiserbaeder@t-online.de

WOLGAST

(116/C2) Die Stadt (15 100 Ew.) am Peenestrom bildet das nördliche Eingangstor zur Insel Usedom. Die meisten Inselbewohner nutzen Schlechtwettertage, um Wolgast zu besuchen, das eine reiche Geschichte vorweisen kann. Aus seiner Glanzzeit blieben einige barocke Kaufmannshäuser mit großen Lagerböden in der Burgstraße erhalten. Das Rathaus bekam vor 250 Jahren, nach dem großen Stadtbrand von 1713, eine Barockfassade, die den mittelalterlichen Kern verdeckt, und eine schmückende Dachlaterne.

BESICHTIGUNG

Petrikirche
Monumentaler, 600 Jahre alter Backsteinbau. Im Inneren der Kirche ist ein aus 24 Bildern bestehender Totentanzzyklus zu besichtigen. In der Krypta steht auch der Prunksarkophag von Herzog Philipp Julius, mit dessen Tod im Jahre 1625 das Geschlecht der Pommernherzöge ausstarb. Der Aufstieg auf den Turm lohnt sich.

MUSEEN

Museumshafen
Hundert Jahre dampfte das Eisenbahnfährschiff »Stralsund« übers Wasser, jetzt liegt es für immer vertäut am Peene-Ufer. Dazu gesellte sich 2000 der Schlepper »Steppke«, der bis dahin auf der Wolgaster Werft seinen Dienst versehen hatte. *Juni bis Aug. Di–Fr 10–18, Sa, So 10–14, Sept.–Mai Di–Fr 10–17, Sa 10–14*

Runge-Haus
Das Geburtshaus des großen Malers der Romantik, Philipp Otto Runge (1777–1810), ist seit 1997 als Museum der Öffentlichkeit zugänglich. *Geöffnet wie Museumshafen, Kronwieckstraße*

Stadtmuseum
»Kaffeemühle« nennen die Einheimischen ihr Museum, weil das 300 Jahre alte, auf einem fast quadratischen Grundriss erbaute Fachwerkhaus eine ähnliche Form besitzt. Ein Schwerpunkt der Ausstellung bildet Leben und Werk des in Wolgast geborenen Malers Philipp Otto Runge (1777–1810). *Geöffnet wie Museumshafen, Rathausplatz 6*

RESTAURANT

Alter Speicher
Maritimes Restaurant mit stets frischem Fisch. *Hafenstr. 4, Tel. 03836/20 59 94, €€*

ÜBERNACHTUNG

Kirschstein
Kleine, gemütliche Pension, zweckmäßig eingerichtet. *12 Zi., Schützenstr. 25, Tel. 03836/272 20, Fax 27 22 50, €€*

AUSKUNFT

Wolgast-Information
Rathausplatz 6, 17438 Wolgast, Tel./Fax 03836/60 01 18, E-Mail Wolgastinfo@t-online.de

ZIEL IN DER UMGEBUNG

Skulpturenpark Katzow (116/C 2)
Auf einer frei zugänglichen großen Wiese zwischen den Dörfern Katzow und Pritzier stehen phantasievolle Skulpturen, geschaffen von Künstlern aus dem In- und Ausland. Zusätzliche Ausstellungen werden in der Kunst- und Kulturscheune gezeigt. *Mai–Sept. Sa–Do 10–17, Okt.–April bis 16 Uhr*

ZINNOWITZ

(117/D 2) Laub- und Kiefernwälder umgeben Zinnowitz (3700 Ew.), das größte Seebad auf der nordwestlichen Hälfte der Insel Usedom. Einen Anziehungspunkt für Spaziergänger an Schlechtwettertagen und am Abend bildet die Strandpromenade. Der historische Ortskern, der sehr an das einstige Fischerdorf erinnert, liegt am Achterwasser. Der Badebetrieb begann Mitte des 19. Jhs.; die meisten Hotels wurden um die Jahrhundertwende im Stil der Bäderarchitektur erbaut. Die 315 m lange Seebrücke wird bis 2002 einen futuristischen Pavillon bekommen, dessen Entwurf von Luigi Colani stammt. Der Stardesigner ist dabei, seinen Lebensmittelpunkt nach Usedom zu verlegen, eine Dauerausstellung soll sein Lebenswerk präsentieren.

MUSEUM

Bademuseum
Viel Interessantes rund um die Badefreuden vergangener Zeiten. *Juli–Sept. Di–So 15–18, Okt. bis Juni Fr–So 15–18 Uhr, Neue Strandstraße (im Hotel Preußenhof)*

RESTAURANT/CAFÉ

Düne 24
Hier zu essen, ist ein kulinarisches Vergnügen. *Dünenstr. 24, Tel. 038377/760,* €€

Marimar
Konditorei und Bistro mit Kuchen und Pralinen aus eigener Herstellung. *Waldstr. 1, Tel. 038377/409 33,* €

ÜBERNACHTUNG

Baltic
Großes, lebhaftes Haus direkt am Strand. *200 Zi., Dünenstraße, Tel. 038377/700 00, Fax 701 00,* €€

Preußenhof
28 Apartments (bis zu 120 m² für bis zu 8 Personen) in der besten Lage. *Neue Strandstraße/Ecke Strandpromenade, Tel.038377/390, Fax 395 10,* €€€

CAMPING

Camping Pommernland
Naturbelassenes Waldgelände, vom Strand nur durch einen Waldstreifen getrennt; behindertengerecht. *Ganzjährig geöffnet, Tel. 038377/403 48, Fax 403 49*

SPIEL UND SPORT

Bis zu 40 m breiter, flach abfallender und steinfreier Strand. Tennisplätze: *An der Waldbühne.* Im *Sportpark Barge, Möskenweg 24,* wird Tennis, Badminton und Tischtennis gespielt und gekegelt. Im Laufe des Jahres 2001 soll auch das grundlegend modernisierte und umgebaute Meerwasserschwimmbad als *Ostseetherme* wieder öffnen.

AM ABEND

Veranstaltungen im *Musikpavillon* und in der 1400 Zuschauer fassenden *Ostseebühne*. Dort finden Mitte Juni bis Anfang September *(Di, Sa, So 20 Uhr)* die *Vineta-Festspiele* statt. Die multimediale Theatershow erzählt jedes Jahr eine Episode aus der Geschichte der Stadt. Das ganze Jahr über wird Theater gespielt in *Die Blechbüchse - das gelbe Theater (Heringsdorfer Weg)*.

AUSKUNFT

Kurverwaltung
Strandstr. 30, 17454 Zinnowitz, Tel. 038377/4920, Fax 42229, E-Mail KV_Zinnowitz@t-online.de

ZIELE IN DER UMGEBUNG

Halbinsel Gnitz **(117/D 2–3)**
Zauberhafte Landschaft mit Steilküste und flachem Land südlich von Zinnowitz. Wer gut zu Fuß ist, kann die gut 10 km von Zinnowitz bis zur Südspitze wandern (ca. 2 Stunden). Der Südteil, mit einem fabelhaften Blick auf Peenestrom und Krummer Wiek, steht unter Naturschutz.

Kölpinsee **(117/E 2)**
Ruhig und schön gelegener Badeort (1000 Ew.), der zur Gemeinde Loddin gehört. Originell eingerichtet wurde von zwei jungen Leuten das *Haus Nixe. 8 Zi., Waldstr. 2, Tel. 038375/20177, Fax 20179, €.* Schöner Blick auf die sich ins Achterwasser erstreckende Halbinsel Loddiner Höft vom Fisch- und Grillrestaurant *Waterblick, Am Mühlenberg, Tel. 038375/20294, €€.*

Koserow **(117/E 2)**
Badeort (1600 Ew.) mit kleinen Hotels und Pensionen, mit zweistöckigen Häusern und einer neuen, 261 m langen Seebrücke. Um einen ausgedienten S-Bahnwagen erbaute sich ab 1932 der Altmeister der norddeutschen Landschaftsmalerei Otto Niemeyer-Holstein sein skurriles Zuhause. »Lüttenort« taufte es der 1984 verstorbene Künstler. *Garten und Galerie Mitte April–Mitte Okt. tgl. 10–18 Uhr, Führungen durch den Wohn- und Arbeitsbereich 11, 14, 15 Uhr, Mitte Okt.–Mitte April Garten und Galerie Mi, Do, Sa, So 10–16 Uhr, Führungen durch den Wohn- und Arbeitsbereich 11, 14 Uhr.* Frischen Fisch, zubereitet nach alten Familienrezepten, gibt es in *Kelchs Fischrestaurant, Karlstr. 9, Tel. 038375/20458, €€.*

Peenemünde **(116/C 1)**
Das *Historisch-Technische Informationszentrum* in Usedoms nördlichstem Ort gehört zu den meistbesuchten Museen in Deutschland. Informiert wird in der damals so genannten Heeresversuchsanstalt über neue Waffensysteme, die zu Hitlers Zeiten in dem damals modernsten und größten Hightechzentrum Europas entwickelt wurden. Die als V 2 bekannte, von Wernher von Braun entwickelte Rakete gehörte zu den grausamsten Waffen des Zweiten Weltkriegs, zugleich gilt sie aber auch als Vorläufer aller Raumfahrtträgerraketen. Peenemünde (600 Ew.) ist deshalb einer der historisch brisantesten Orte in Deutschland. *April, Mai, Okt. Di–So 9–18 Uhr, Nov.–März Di–So 9–16 Uhr, Juni–Sept. tgl. 9–18 Uhr*

Auf Schmalspurgleisen mit Dampf durchs Land

Die kleinen Oldtimerzüge »Molli« und »Rasender Roland« gehören zu den Highlights von Mecklenburg-Vorpommern

Zwei Kleinbahnen rattern auf schmalen Gleisen zur Freude der Touristen an der Ostseeküste entlang, von den Bahnhöfen und Haltepunkten führen Wanderwege in die reizvolle Landschaft der Umgebung. Eisenbahnfreaks kommen von weither angereist, um in die Züge mit den fauchenden Dampfrössern zu steigen. Die beiden zum technischen Denkmal erklärten Bahnen sind für viele keine Verkehrsmittel zum Reisen, sondern das Reiseziel selbst. Sie versetzen den Touristen unserer Tage in die Zeit der Großeltern zurück. »Molli« und »Rasender Roland« sind keine Museumsbahnen – auf beiden Strecken fahren die Züge nach Fahrplan, tagein, tagaus.

MIT DEM »MOLLI« ZUM OSTSEESTRAND

Fünf Abfahrten im Winter und zehn im Sommer zwischen Bad Doberan und Ostseebad Kühlungsborn in beiden Richtungen verzeichnet der Fahrplan, alle Züge befördern Fahrräder, einige führen Di–So einen bewirtschafteten Salonwagen mit. Die Fahrzeit für die gesamte 15,4 km lange Strecke beträgt etwa 45 Minuten. Im Kursbuch der Deutschen Bahn AG ist der Molli unter der Nr. 157 verzeichnet.

(110/B-C 2-3) Am 19. Juli 1886 dampfte zum ersten Mal ein Zug in Bad Doberan los; damals fuhr die erste öffentliche Schmalspurbahn Mecklenburgs mit der seltenen Spurweite von 900 Millimetern nur bis Heiligendamm, 1910 wurde die Strecke in das heutige Kühlungsborn verlängert. Mehr als 60 Millionen Fahrgäste wurden seitdem gezählt. 1995 übernahm der Landkreis Bad Doberan die Schmalspurbahn von der Deutschen Bahn AG.

Bad Doberan liegt an der 1883 teileröffneten Fernbahnstrecke Rostock–Wismar, den einstigen »Großherzogsbahnhof« teilen sich die Normal- und die Schmalspurzüge. Der »Molli«, offiziell Mecklenburgische Bäderbahn genannt, beginnt seine romantische Fahrt am *Bahnhof Bad Doberan.*

Mit dem für den »Molli« typischen Pfeifen und Bimmeln setzt sich der Zug mit der Dampflok an der Spitze in Bewegung. Fast zeitgleich fährt am anderen Endbahnhof ebenfalls ein Zug ab; für den regulären Fahrbetrieb werden täglich zwei Lokomotiven gebraucht, drei stehen in Reserve bereit. Nach einer kurzen Fahrt durch den Bad Doberaner *Stadtpark* wird am *Alexandrinenplatz* die B 105 gekreuzt, unmittelbar danach hält der Zug am *Haltepunkt Stadtmitte.* In den schmalen Straßen der Innenstadt zuckelt der Zug oftmals nur im Abstand von knapp einem Meter an den Häusern entlang. Fast mit Schrittgeschwindigkeit (10 km/h) dampft der Zug zum *Haltepunkt Bad Doberan Goethestraße (0,9 km).*

1932 wurde dieser Haltepunkt eingerichtet, dafür wurden drei andere stillgelegt. Danach geht es am *Ehm-Welk-Haus* (1937/38) vorbei, dem ehemaligen Wohnhaus des durch die »Kummerow«-Bücher berühmt gewordenen Autors Ehm Welk, einem zweigeschossigen Klinkerbau. Danach dampft der Zug parallel zu einer rechts verlaufenden herrlichen Lindenallee dahin, langsam wird bis zur Höchstgeschwindigkeit von 45 km/h beschleunigt.

Linker Hand erstreckt sich das Gelände der ersten *Galopprennbahn* auf dem europäischen Kontinent. Von 1823 bis 1939 und von 1945 bis 1962 wetteiferten hier Pferde und Jockeys um Siegerkränze, danach wurde das Gelände landwirtschaftliche Nutzfläche. 1993 fand nach 31 Jahren wieder ein Pferderennen statt, seitdem halten die Züge an den Renntagen am *Haltepunkt Rennbahn (3,8 km).*

Auf der linken Seite sind Wiesen und Felder zu sehen, rechts begleitet der Mischwald *Großer Wohld* die weitere Fahrt. Mit einer kleinen, sich im Wald versteckenden *Backsteinkapelle* (1904) im neogotischen Stil kündigt sich Deutschlands ältestes Ostseebad an. Kurz darauf ist das nächste Ziel erreicht, der *Bahnhof Ostseebad Heiligendamm (6,5 km).*

Da die Strecke aus einem Gleis besteht, müssen sich die Züge unterwegs kreuzen, das geschieht in Heiligendamm. In dem klassizistisch erbauten Badeort erholte sich einst in den Sommermonaten die Schweriner Herzogsfamilie, umgeben von den Spitzen der mecklenburgischen Gesellschaft. Der Wunsch, bequem von Doberan zur Ostsee nach Heiligendamm zu gelangen, führte zum Bau der Schmalspurbahn. Die Stettiner Firma Lenz & Co. brauchte dafür nur etwa sechs Wochen. Das heutige Heiligendammer *Bahnhofsgebäude* stammt jedoch aus späteren Jahren, 1934/35 wurde es an Stelle des bisherigen Fachwerkgebäudes errichtet.

Wiesen, Felder und rechts das *Kleiner Wohld* genannte Wäldchen sind die weiteren Begleiter; die Gleise verlaufen manchmal nur etwa 100 m von der Ostseeküste entfernt. Der nächste Stopp – allerdings nur in der warmen Jahreszeit – liegt am 1969 eingerichteten *Haltepunkt Steilküste-Wittenbeck (10,8 km).*

Ein Weg führt von hier zum nur etwa 400 m entfernten Ostseestrand, ein anderer am Hochufer entlang nach Kühlungsborn. Mit Pfeifen und Bimmeln macht die Dampflok darauf aufmerksam, an den unbeschrankten Wegeübergängen Acht zu geben.

Einen großen Bogen um den Ort ziehend nähert sich der »Molli« dem *Bahnhof Ostseebad*

Kühlungsborn Ost (12,7 km). Bis 1938, als durch den Zusammenschluss von drei Orten Kühlungsborn entstand, war an dem Bahnhofsgebäude Brunshaupten zu lesen. Wer die Kühlungsborner Seebrücke und den feinen Sandstrand zum Ziel hat, verlässt den Zug hier. Das nächste Ziel ist der *Haltepunkt Kühlungsborn Mitte (13,5 km).*

Die hölzerne Halle der ehemaligen Station Brunshaupten Süd ist bis heute noch fast das Original aus dem Jahr 1910. Nur etwa 5 km beträgt die Wanderung von diesem Haltepunkt bis zum Höhenzug *Kühlung* mit dem Diedrichshäger Berg (130 m) als höchster Erhebung. Das kuppige Land wird von den Einheimischen gern als »Thüringer Wald Norddeutschlands« bezeichnet. Der Boden des Waldes ist sandig, sodass die Wege selbst bei Regen kaum feucht werden und gut begehbar bleiben.

In der Nähe erhebt sich auf einem 78 m hohen Hügel der *Bastorfer Leuchtturm*, der seit 1878 sein Feuer 24 Seemeilen weit durch die Nacht schickt. Noch fünf Minuten, und der Zug fährt ein in den *Bahnhof Ostseebad Kühlungsborn West (15,4 km).*

Als der Bahnhof mit dem Empfangsgebäude aus Klinkern 1927 gebaut wurde, hieß dieser heutige Teil von Kühlungsborn noch Arendsee. Zum Bahnhofsgelände gehören ein Lokschuppen von 1922 und ein Wagenschuppen von 1915, in dem die Traditionswagen stehen. Das sind vier Reisezugwagen aus den Jahren 1911 bis 1926, zwei Gepäckwagen von 1886 und 1901 sowie zwei Güterwagen von 1922 und 1927.

Im ehemaligen Güterboden haben zwei attraktive Einrichtungen Platz gefunden: das Eisenbahnmuseum, das die Geschichte des »Molli« widerspiegelt (*Di–So* wie Fahrplan), und das Museumscafé.

Auskunft: *Mecklenburgische Bäderbahn Molli GmbH&Co KG, Am Bahnhof, 18209 Bad Doberan, Tel. 038203/41 50, Fax 415 12*

Seit 1878 im Dienst: Leuchtturm in Bastorf

IM »RASENDEN ROLAND« DURCH SÜDWEST-RÜGEN

Sieben Abfahrten im Winter und acht im Sommer gibt es täglich zwischen Putbus, Binz, Sellin, Baabe und Göhren in beiden Richtungen (Mitte April–Okt. vom Hafen in Lauterbach). Alle Züge befördern Fahrräder. Im Kursbuch der Deutschen Bahn steht die Strecke unter der Nr. 199.

(**115/D-E4**) 104,8 km lang war einst das Schmalspurstreckennetz auf Deutschlands größter Insel, übrig geblieben ist nur die 24,2 km lange Strecke von Putbus nach Göhren, die 1999 um etwa 2,6 km bis zum Hafen von Lauterbach verlängert wurde. Am 22. Juli 1895 schnaufte in Putbus zum ersten Mal ein Zug los, zunächst war Binz Endstation, 1899 schließlich Göhren. »Rasender Roland« taufte der Volksmund die Schmalspurbahn mit der Spurweite von 750 Millimetern spöttisch, da die stolze Höchstgeschwindigkeit nicht mehr als 30 km/h beträgt. In den kommenden Jahren soll sie aber durch eine »Runderneuerung« auf 50 km/h erhöht werden.

Putbus ist seit 1891 an das normalspurige Eisenbahnnetz angeschlossen. Die aus Bergen kommenden Regionalzüge fahren weiter bis Lauterbach; im Kursbuch der Deutschen Bahn AG ist die Normalspurstrecke unter der Nr. 198 verzeichnet.

Der »Rasende Roland« dampft los im *Bahnhof Putbus-Landesbahn.* Langsam schnauft die Kleinbahn durch Wiesen und Felder, rechts schaut aus einer Baumgruppe die Spitze der Vilmnitzer Kirche heraus. Schon nach vier Minuten stoppt der Zug am *Haltepunkt Beuchow (1,8 km).*

Die Deutsche Reichsbahn und später die Bundesbahn ignorierten das Dorf mit etwa einem Dutzend Häusern. Doch seit 1996 wird hier gehalten, sofern es gewünscht wird. Beuchow ist eine der so genannten sieben Bedarfshaltestellen von den insgesamt zwölf Haltepunkten der gesamten Strecke. Wer aussteigen möchte, sollte das vorher dem Lokführer oder Zugschaffner mitteilen, wer einsteigen möchte, winkt am Haltepunkt.

Mit etwa 30 km/h zuckelt die dampflokgezogene Kleinbahn zum *Haltepunkt Posewald (3,8 km).* Wer hier aussteigt, der hat die stille Wald- und Wiesenlandschaft der Umgebung zum Ziel, in der *Megalithgräber* liegen. Zwei befinden sich östlich vom Bahnhof direkt an der Kleinbahnstrecke. Die aus der Steinzeit stammenden Großsteingräber und die Hügelgräber aus der Bronzezeit bereichern in dieser Region das Landschaftsbild mehr als anderswo. Es wird uns wohl ewig rätselhaft bleiben, wie Menschen vor rund 4000 Jahren mit primitiven Mitteln die bis zu 15 t schweren Findlingsblöcke bewegt und bearbeitet haben.

Die aus den Jahren 1900 bis 1927 stammenden Kleinbahnwagen werden von Dampflokomotiven gezogen, die in der Zeit zwischen 1914 und 1953 gebaut wurden. Noch heute stehen in einigen Wagen Kanonenöfen, in die der Schaffner im Winter Kohlen schiebt, damit sie mollige Wärme ausstrahlen. Von 1901 bis 1916 fuhr abends ein Zug, in dem Damen und Herren in vornehmer Garderobe saßen. Sie hatten Billetts für das fürstliche Theater in Putbus in der Tasche; der so genannte »Theaterzug« brachte sie von den Badeorten ins Theater und wieder zurück. Zwischen den beiden Weltkriegen wurde manchmal sogar einen Speisewagen angehängt.

Wer zur Stresower Bucht, einer landschaftlichen Perle Rügens, möchte, steigt aus am *Haltepunkt Seelvitz* (6,9 km).

Nach etwa 2 km per pedes bietet sich ein herrlicher Blick auf den Rügischen Bodden mit der vorgelagerten *Insel Vilm*, über die der Direktor der von Goethe gegründeten Weimarer Zeichenschule, Friedrich Preller d. Ä., nach seinem dritten Aufenthalt schrieb: »Ich werde in Zukunft meine Studien wohl nur hier machen, denn reicher habe ich nie ein Land gesehen, selbst Italien nicht ...« Rund 100 Jahre nach Preller nahm die damalige DDR-Führung die Insel in Besitz und ließ sich sozialistische Luxusferienhäuser errichten. Stasileute verscheuchten jeden, der sich dem Vilm näherte.

Bei Groß Stresow waren 1715 im Nordischen Krieg Truppen von Preußenkönig Friedrich Wilhelm I. gelandet. Zur Erinnerung an diesen Coup entstand 1855 eine 15 m hohe Säule mit der Statue des Preußenkönigs obenauf. Der Zahn der Zeit hatte so sehr an dem Denkmal genagt, dass es nach 1991 abgebaut werden musste. Da eine Restaurierung nicht mehr möglich ist, soll eine Kopie entstehen – wenn das Geld dafür bereitgestellt werden kann.

Durch Wald und Wiesen weiterfahrend geht's zum *Haltepunkt Serams (8,1 km)*.

Nach Serams sehen jene, die auf der linken Seite sitzen, durch Schilf und Sträucher etwas vom verlandenden *Schmachter See*, der vor rund 200 Jahren noch eine Bucht der Ostsee war. Wer auf der rechten Seite sitzt, erkennt die von Wald bedeckte *Granitz*, aus der der Turm des berühmten *Jagdschlosses* herausragt. Kurz darauf fahren Sie in den *Bahnhof Binz Landesbahn (10,9 km)* ein.

Binz-Ost hieß der kleine Bahnhof bis 1995, der eigens für die Kleinbahn entstand. Der Normalspurbahnhof, auf dem sogar IC-Züge ankommen, befindet sich 3 km entfernt am Nordende des Ostseebades.

Von Binz zuckelt der Zug um die Höhen der Granitz herum und stoppt dann im Wald am *Haltepunkt Jagdschloss (13,2 km)*.

In den Sommermonaten stehen auch hier meist Touristen mit schussbereiten Fotoapparaten und laufenden Videokameras, denn der »Rasende Roland« gehört zu den meistfotografierten und -gefilmten Objekten Rügens. Etwa 15 Minuten zu Fuß durch den Wald sind es bis zum *Jagdschloss Granitz,* von dessen Turm man weit über Rügen blicken kann. Um sich in Putbus und Granitz genehme Abfahrtszeiten zu sichern, hatte sich Malte von Veltheim zu Putbus, einer der Hauptaktionäre der Bahn, im vorigen Jahrhundert in einem Passus der Konzession festschreiben lassen, dass kein Fahrplan ohne seine Zustimmung verabschiedet werden dürfe.

Durch einen der schönsten Buchenwälder, die es im Norden Deutschlands gibt, dampft die Bahn zum *Haltepunkt Garftitz (14,6 km)*.

Das kleine Garftitz liegt am Südrand der Granitz, der Hü-

Schmachter See: vor 200 Jahren noch Ostseebucht

gelkette zwischen Binz und Sellin; neben der Stubnitz im Nationalpark Jasmund ist es das schönste zusammenhängende Waldgebiet der Insel. Besucher aus den Mittelgebirgen fühlen sich hier ein wenig an ihre Heimat erinnert. Von Garftitz sind es in südlicher Richtung etwa 2 km bis Lancken-Granitz, Ausgangspunkt für Wanderungen zu zahlreichen *Megalith- und Hügelgräbern*, von denen Wissenschaftler einige 1969 geöffnet haben. Was sie an Grabbeigaben fanden, ist teilweise im Kulturhistorischen Museum Stralsund zu sehen. Die Grabstätten besitzen die ältesten gemauerten Wände Rügens; die Fugen zwischen den Wandsteinen wurden seinerzeit bereits so errichtet, wie das heutzutage erfolgt.

Die Gräber sind im Landschaftsbild gut zu erkennen, lediglich die *Ziegelsteine*, ein Megalithgrab mit Steinring, verstecken sich etwas am Waldrand.

»Rübenexpress« nannte man den »Rasenden Roland« in der Vergangenheit oft. Der Grund geht aus einem Bericht im »Stralsunder Anzeiger« vom 29. September 1892 hervor, der von einer Versammlung Rügener Junker berichtet: »Nachdem nunmehr die Stralsunder Zuckerfabrik gegründet sei, wäre es zwecks Gedeihens des Unternehmens dringend nothwendig, Rübenland zu erschließen, d. h., mit den nöthigen Verkehrsmitteln zu versehen.« Doch nicht alle Großgrundbesitzer mochten sich mit dem modernen Transportmittel Eisenbahn so rasch anfreunden, sie verweigerten den Bau über ihr Territorium, was den verschlungenen Streckenverlauf erklärt.

Für die Strecke Putbus–Binz–Göhren setzten sich aber auch die Aktiengesellschaften der Rügenschen Seebäder Binz, Sellin, Baabe und Göhren ein; sie erhofften sich durch eine bequemere Anreise mehr Gäste. Die schlechten Wegeverhältnisse auf Rügen ließen die Schmalspurbahnen rasch zu einem bedeutenden Verkehrsmittel werden. Ihr Bau hatte im Vergleich zur breiteren Normalspur einen erheblichen Vorteil: Zwei Drittel der Baukosten konnten gespart werden. Die Existenz des »Rasenden Roland« war wiederholt gefährdet, so Ende der 60er-

Der »Rasende Roland«: 30 km/h schnell

Jahre des 20. Jhs., als sich der Verkehr zunehmend von der Schiene auf die Straße verlagerte. 1976 bekam er den Status eines Denkmals der Verkehrsgeschichte und war damit gerettet – vorerst jedenfalls. Denn nach der Einheit begann alles wieder von vorn. Ein rasch gegründeter Förderverein sowie viele Rüganer und Gäste setzten sich erfolgreich für die Kleinbahn ein.

Sellin entwickelte sich nach dem Bau der Bahn vom Fischerdorf zum Seebad. Direkt an der B 196 liegt der *Bahnhof Ostseebad Sellin (19,0 km)*. Das *Empfangsgebäude* stammt als Einziges an der Strecke noch aus der Erbauungszeit (1896), es wurde saniert und nahm 2000 die Erlebnisgaststätte *Selliner Kleinbahnhof* auf.

In früheren Jahren, als noch mehr Züge auf der Strecke unterwegs waren, begegneten sie sich in Sellin. Hier gab es einen längeren Halt, wobei Dutzende von Fahrgästen mit ihren Kameras auf den Bahnsteig eilten, um die alten Dampflokomotiven zu fotografieren. Das ist seit 1996 nicht mehr möglich, denn der Aufenthalt beträgt nur noch eine Minute.

Hinter Baabe begleitet die B 196 die Bahn. Rechter Hand leuchtet die blaue Wasserfläche des *Selliners See* mit Moritzdorf am gegenüberliegenden Ufer, auf der linken Seite schaut auf der Höhe ein wenig das Weiß des *Cliff-Hotels* aus dem Grün der Bäume hervor. Kurz hinter Sellin wird der Mönchgraben passiert, einst die Grenze zwischen dem Fürstentum Rügen und der zum Greifswalder Kloster Eldena gehörenden Halbinsel Mönchgut. Der Überlieferung nach soll der Graben im Jahre 1295 auf Veranlassung des Eldener Abtes angelegt worden sein, tatsächlich war er jedoch Teil eines slawischen Befestigungswerkes.

Der Zug schnauft nun zum *Bahnhof Baabe* (21,3 km). Vor allem nach dem Zweiten Weltkrieg hat sich Baabe zu einem hübschen, stillen Badeort entwickelt, für den kleine Hotels und Pensionen typisch sind. Die nächste Station, direkt an der B 196 im Wald gelegen, ist der *Haltepunkt Philippshagen (22,0 km)*.

Die Domäne Philippshagen hatte sich seinerzeit dafür eingesetzt, den Haltepunkt einzurichten, der etwa 2 km vom Dorf entfernt entstand. Das *Empfangsgebäude* (um 1895) wurde als kleiner Fachwerkbau errichtet, ein geschäftstüchtiger Wirt ließ eine Veranda vorbauen und eröffnete darin 1902 die Gaststätte *Tannenheim*; heute sind in dem Gebäude Wohnungen. Das schon lange außer Dienst gestellte *Fahrkartenverkaufshäuschen* entstand 1926.

Der Haltepunkt Philippshagen ist der ideale Startpunkt für Wanderungen in die *Baaber Heide* mit ihren charakteristischen Kiefernforsten. Einer der Wege führt zum *Herzogsgrab*, das unter starken Stieleichen und Rotbuchen liegt. Wissenschaftler fanden, als sie das rund 4000 Jahre alte Großsteingrab öffneten, mindestens 40 Skelette sowie als Grabbeigaben über 50 meist zerbrochene Tongefäße, Feuersteingeräte und Bernsteinperlen.

Nach einer guten Stunde gemütlicher Fahrt hat der Zug seinen Endpunkt, den *Bahnhof Ostseebad Göhren (24,2 km)*, erreicht.

Wer es bis jetzt noch nicht geschafft hat, Fotos vom »Rasenden Roland« zu schießen, der hat hier bis zum Beginn der Rückfahrt nach Putbus reichlich Gelegenheit. Vom Göhrener Bahnhof sind es nur wenige Minuten bis zur Seebrücke und dem feinen Sandstrand. Göhren gehört – wie fast das gesamte Gebiet, durch das sich die Schmalspurgleise ziehen – zum Biosphärenreservat Südost-Rügen. Das Schutzgebiet entstand, um eine vom Menschen geprägte Kulturlandschaft zu erhalten, zu pflegen und zu entwickeln.

Auskunft: *Rügensche Kleinbahn GmbH&Co, Binzer Str. 12, 18581 Putbus, Tel. 038301/801 12, Fax 801 15*

Ehrenlokführer

Das nach bestandener Prüfung ausgegebene Zertifikat bestätigt: Der Inhaber ist Ehrenlokführer, entweder vom »Molli« oder vom »Rasenden Roland«. Denn auf beiden Schmalspurbahnen ist diese Ausbildung möglich. Mitzubringen sind 10 Tage Zeit, Arbeitsbekleidung, eine ärztliche Bescheinigung und etwas mehr als 500 Euro. Geboten werden – so steht es in den Unterlagen – »zwei theoretische Lehrveranstaltungen« und bis zu »neun praktische Lehrschichten«. Preiswerter, aber nicht so sehr gefragt, ist die auf dem Bahnhof Heiligendamm stattfindende Ausbildung zum Ehrenfahrdienstleiter oder die zum »Molli«-Ehrenzugschaffner.

Von Künstlern und Schiffen

Die hier beschriebenen Routen sind auf der Übersichtskarte im vorderen Umschlag und im Reiseatlas ab Seite 108 grün markiert

① AUF DEN SPUREN BERÜHMTER LEUTE

Mancher, der später zu Ruhm gelangte, wurde an der Ostseeküste geboren, andere ließen sich hier nieder, angezogen von der Landschaft oder den Menschen, von denen sie sich inspirieren ließen. Heute schmücken sich die Orte gern mit den bekannten Namen, denn sie beleben den Tourismus. Die Autotour auf den Spuren berühmter Leute führt von Neubukow über Rostock nach Zingst. Für die 100 km sollte man einen ganzen Tag einplanen.

Startpunkt ist *Neubukow,* wo die Wiege des Troja-Entdeckers Heinrich Schliemann stand. Hier, in dem Städtchen westlich von Rostock an der B 105, wurde der berühmte Altertumsforscher 1822 im Pfarrhaus geboren. Im Nachfolgebau *(Mühlenstr. 7)* entstand eine kleine Gedenkstätte, die auch über Schliemanns bedeutendstes publizistisches Werk »Ilias« informiert.

Mit seinen »Kummerow«-Büchern gelangte der Schriftsteller Ehm Welk zu Ruhm, die Gesamtauflage seiner Werke wird auf 4 Mio. Stück geschätzt. 1950 siedelte Welk mit seiner Frau Agathe Lindner-Welk nach *Bad Doberan (S. 35)* über und bezog das Haus *Dammchaussee 23,* an dessen Tür viele seiner Leser klopften. Der Schriftsteller nahm sich oft Zeit für ein Gespräch, mancher Besucher erfuhr in diesem Haus, dass Welks Vater, ein Schäfer, das Urbild des Gottlieb Grambauer ist. Verdutzt schaute mancher drein, wenn er erfuhr, dass Ehm Welk nie in dem vorpommerschen Dorf Kummerow gewesen war.

In seinen Kummerow-Büchern hat er die Menschen seines Geburtsdorfes Biesenbrow bei Angermünde (Bundesland Brandenburg) charakterisiert. Das geht auch aus einem Brief Welks vom 26. September 1949 hervor, den er an die Schulkinder von Biesenbrow schrieb: »Ihr habt es ja nun herausbekommen, dass Kummerow in sehr vielen Teilen Biesenbrow ist …«.

Seine letzte Ruhestätte fand der 1966 im Alter von 82 Jahren verstorbene Ehm Welk auf dem Doberaner Waldfriedhof.

Nach dem Tod seiner Frau wurde das Haus 1974 Gedenkstätte. Zu besichtigen ist unter anderem Welks Arbeitszimmer mit seiner 5000 Bände umfassenden Bibliothek.

Auf der B 195 geht es weiter nach *Rostock (S. 42)*. Die einstige Hansestadt hat Walter Kempowski in mehreren seiner Bücher zum Schauplatz gewählt. Das Haus *Blücherstraße 81* (früher Alexandrinenstraße), in dem Kempowski 1929 geboren wurde, steht nicht mehr. Dort klafft eine Baulücke. Dagegen existiert noch das Wohnhaus, in dem die Familie des Schriftstellers im Zweiten Weltkrieg und in den Jahren danach wohnte: Im Haus *Augustenstraße 90* (heute Zugang zur Wohnpassage »Brunnenhof«) spielt das Buch »Tadellöser & Wolff«. Kempowski wurde 1948 wegen angeblicher Spionage verhaftet und saß acht Jahre in der berüchtigten DDR-Haftanstalt Bautzen. Seine Bücher »Im Block« und »Ein Kapitel für sich« berichten davon. Die Stadt Rostock ernannte den Schriftsteller 1994 zum Ehrenbürger und stellte für das Kempowski-Archiv eins der Professorenhäuser des Kulturhistorischen Museums zur Verfügung.

Mit Rostock verbunden ist auch der bedeutende niederdeutsche Dichter John Brinckmann, der 1814 in dem im Krieg zerstörten Haus *Koßfelder Str. 23* zur Welt kam. Der Autor von »Kasper Ohm un ick« wird mit dem Brinckmann-Brunnen geehrt, der 1911 in dem nach ihm benannten Stadtteil Brinckmannsdorf enthüllt wurde.

Sein großer Kollege Fritz Reuter immatrikulierte sich 1831 an der Universität Rostock. Gewohnt hat Mecklenburgs »Nationaldichter« in der *Lagerstraße*, dem damaligen Haus *Nr. 46*. 1863 verlieh die Rostocker Universität Reuter die Ehrendoktorwürde, die 1960 auch der Dichter KuBa bekam, einer der linientreuesten des DDR-Staates. KuBa, in dessen Personalausweis Kurt Barthel stand, wohnte von 1957 bis zu seinem Tod 1967 in der *Gartenstr. 86* in Warnemünde. Er war Chefdramaturg des Rostocker Volkstheaters, bekannt wurde er vor allem durch seine in Ralswiek auf Rügen uraufgeführte Ballade »Legende von Klaus Störtebeker«.

KuBas Grab befindet sich auf dem *Friedhof Satower Straße*. Dort liegt auch der 1975 verstorbene Fritz Meyer-Scharffenberg begraben, der von 1960 an im Rostocker Stadtteil Groß Klein, *Groten Enn 27*, wohnte. Seine Bücher, aber auch seine Fritz-Reuter-Übertragungen ins Hochdeutsche, machten ihn zu einem der volkstümlichsten Erzähler Mecklenburgs.

Im nahen *Graal-Müritz (S. 38)*, in der *Fritz-Reuter-Straße 11*, wohnte von 1963 bis 1969 Herbert Nachbar, der in seinen Romanen vor allem Geschichte und Gegenwart der Menschen und Landschaften der Ostseeküste darstellte. In dem Seebad schrieb der 1980 verstorbene Literat seinen Roman »Haus unterm Regen«.

Die Landschaft um das *Ostseebad Ahrenshoop (S. 49)* zog schon frühzeitig Künstler an; der Ort wurde zum Paradies der Maler. Paul Müller-Kaempff gehörte zu den ersten, die sich von 1892 an ihre Häuser an der Dorfstraße erbauten. Müller-Kaempff und Friedrich Wachenhusen gründeten im *Haus St. Lukas, Dorfstraße 35*, eine Sommermalschule, deren Gäste aus ganz Deutschland kamen. Heute gehört das Künstlerhaus Lukas der Stiftung Kulturfonds, Stipendiaten erhalten hier Arbeitsmöglichkeiten. Ihre Werke stellen sie regelmäßig in Ahrenshoop aus.

Viele Künstler und Wissenschaftler gaben sich in dem Ostseebad ein Stelldichein: So wohnte Gerhart Hauptmann 1930 im Haus am nördlichen Ende der Dorfstraße, wo der Weg zum Ahrenshooper Wäldchen abzweigt, und schrieb hier die Novelle »Die Spitzhacke«. 1939 zog die Schriftstellerin Käthe Miethe in das elterliche *Haus Nr. 12* im heutigen Ortsteil Althagen, wo sie bis zu ihrem Tod 1961 lebte. Begraben liegt die Autorin von »Das Fischland und Bark Magdalene« sowie weiterer viel gelesener Heimatbücher in Wustrow. Zu den zeitweiligen Gästen von Ahrenshoop gehörten der Dramatiker Bertolt Brecht, der Schriftsteller Arnold Zweig sowie der Dichter und erste DDR-Kulturminister Johannes R. Becher, der am 18. August 1950 nach einer Darßwanderung in sein Tagebuch schrieb: »Waldung, wie ich sie seit meiner Kindheit nicht mehr erlebt habe. Traumdickicht mit riesenhaften Gespensterfarben, dann wieder üppig-sprießende Wiesenlichtung, wie von Menschen noch unberührt …«

Auf dem Kirchhof in *Zingst (S. 58)* fand die im nahen Barth 1876 geborene Heimatdichterin Martha Müller-Grählert ihre letzte Ruhestätte. Sie wäre heute wohl unbekannt, hätte sie nicht das von Simon Krannig vertonte Gedicht »Mine Heimat« (»Wo die Ostseewellen trecken an den Strand …«) geschrieben. Mit textlichen Abänderungen wurde das Lied auch in anderen Regionen zur »Nationalhymne«. Martha Müller-Grählert starb verarmt und fast erblindet 1939 in einem Altersheim. Erst nach Jahren des Prozessierens hatte sie kurz vor ihrem Tod die Urheberrechte an ihrem Lied zugesprochen bekommen.

② SCHIFFSMODELLE IN KIRCHENSCHIFFEN

Die Menschen dieser Region sind seit jeher mit dem Meer verbunden. Jahrhundertelang fuhren die Männer auf Segelschiffen über die Weltmeere. Dem Tourismus wandte man sich erst zu, als die große Zeit der Segelschiffe vorüber war. Reminiszenzen an die große Vergangenheit finden sich noch in allen Orten. Auch in den Kirchen auf der Halbinselkette Fischland, Darß und Zingst, zu denen diese knapp 50 km lange, halbtägige Autotour führt.

Vom schlanken Westturm der Kirche im *Ostseebad Wustrow (S. 56)* reicht der Blick weit über die Halbinselkette, bis zur Stadt *Barth (S. 51)* im Osten, wo die Tour endet. Das Gotteshaus in Wustrow sollte alle anderen Bauwerke des Ortes überragen, beschloss die Wustrower Kirchengemeinde. Also musste es auf einem Hügel errichtet werden, und da es den nicht gab, rückten die Männer abends und an den Wochenenden mit Spaten an und schaufelten einen.

Darauf wuchs von 1869 bis 1873 die Kirche. Wie an der Küste üblich, wurde sie mit Votivschiffen geschmückt, mit Schiffsmodellen, die als Dank einem oder einer Heiligen geweiht sind. Das Klipperschiff entstand um 1855, die Fregatte in der Mitte des 19. Jhs. und der Gaffelschoner um 1935.

Das *Ostseebad Ahrenshoop (S. 49)* bekam erst 1951 eine Kirche; der Architekt Hardt-Walther Hämer gestaltete sie wie ein kieloben am Strand liegendes Boot. Auf dem Bauplatz war eine Pappel hinderlich, sie wurde gefällt, und ihr Holz verwendete die Künstlerin Doris Oberländer-Seeberg für die Holzbildhauerarbeiten und für die Kanzel. Die vier Votivschiffe fertigte in den 50er-Jahren Kapitän Heinrich Voss an.

Das Kirchlein in *Born (S. 54)* entstand durch die Initiative des Architekten Bernhard Hopp. Einheimische Handwerker haben es völlig aus Holz gebaut. Nur durch den kleinen Dachreiter mit einem Turmhahn, der auf das Rohrdach gesetzt wurde, ist das schlichte Bauwerk als Kirche zu erkennen. Der Flügelaltar stammt aus dem Nachlass von Bernhard Hopp; er hat ihn 1936 selbst gemalt. Bernhard Hopp fertigte auch die vier Figuren an der Altarwand an, die in der Fremde verstorbene Gemeindemitglieder symbolisieren sollen.

Die Jahrzehnte verschwundenen Figuren tauchten 1980 bei der Entrümpelung eines Dachbodens in Barth auf; vier Jahre später kamen sie wieder in die Borner Kirche zurück. Das Modell des Gaffelschoners »Hans« baute der Borner Karl Becker 1924/25; er brachte es 1935 als Geschenk zur Einweihung der Kirche mit. Das Schiff »Helga« baute Gustav Scharmberg. Er bestimmte, dass es nach seinem Tod in die Kirche kommen sollte, was 1947 auch geschah.

In der Seemannskirche im *Ostseebad Prerow (S. 52)* bilden hölzerne Segelschiffsmodelle im Kirchenschiff den besonderen Schmuck. Die »Peter Kreft« kam 1780 in die Kirche, die »Teutonia« 1848, und die »Napoleon« hängt ebenfalls seit 1848 im Mittelschiff. Den Kristallleuchter stiftete eine Schiffsbesatzung, die zu Beginn des 19. Jhs. aus Seenot gerettet wurde. Aus dem Vorgängerbau stammt das Tafelbild über dem Eingang. Anlass für die Entstehung war die Strandung eines Schiffes am 13. Dezember 1690 vor dem Zingst. Der mit Holzschindeln gedeckte Turm der Kirche wies lange Zeit den Schiffern den Weg von der Ostsee zum heute nicht mehr vorhandenen Wasserarm, der Darß und Zingst trennte. Um die 250 Jahre alte Kirche stehen viele alte Grabsteine mit Schiffsmotiven.

Die Kirche im *Ostseebad Zingst (S. 58)* hat einen berühmten Baumeister: den Schinkel-Schüler Friedrich August Stüler. Ob die Kirchengemeinde die damals als supermodern geltenden neogotischen Formen wünschte oder ob es Stülers Einfall war, lässt sich heute nicht mehr feststellen. Seine Handschrift hat Stüler auch in *Barth (S. 51)* hinterlassen, dem östlichen Eingangstor zur Halbinselkette. Hier schuf er die neogotische Ausgestaltung der stattlichen Marienkirche. Wer auf deren 87 m hohen Turm steigt, kann in der Ferne die Kirche von Wustrow sehen, wo die Autotour einige Stunden zuvor begann.

Von Auskunft bis Wetter

Hier finden Sie kurz gefasst die wichtigsten Adressen und Informationen für Ihre Reise an die Ostseeküste

AUSKUNFT

Die Touristeninformationen oder Kurverwaltungen versenden kostenlos Prospektmaterial. Meist liegen jedoch eine Zahlkarte und ein Schreiben mit der freundlich ausgesprochenen Bitte bei, mit zwei bis drei Euro einen kleinen Unkostenbeitrag zu leisten.

Allgemeine Informationen sowie Buchungen bei:

Touristischer Buchungsservice Mecklenburg-Vorpommern
Platz der Freundschaft 1, 18959 Rostock, Fax 0381/403 07 55, E-Mail TOURBU@tmv.de
Telefonische Informationen rund um die Uhr, Buchungen Mo–Fr 8–20, Sa 8–13 Uhr, Tel. 0180/500 02 23

Verband Mecklenburgische Ostseebäder e.V.
Kühlungsborner Str. 4, 18209 Bad Doberan-Heiligendamm, Tel./Fax 038203/621 20, E-Mail V.M.O@t-online.de

Tourismusverband Fischland, Darß, Zingst e.V.
Barther Str. 31, 18314 Löbnitz, Tel. 038324/64 00, Fax 640 34, E-Mail tv.fdz@t-online.de

Tourismusverband Rügen e.V.
Am Markt 4, 18528 Bergen, Tel. 03838/807 70, Fax 25 44 40, E-Mail tourismusverband.ruegen@t-online.de

Usedom Tourismusverband GmbH
Bäderstr. 5, 17459 Ückeritz, Tel. 038375/234 10, Fax 234 29, E-Mail info.tv.insel.usedom@t-online. de

Regionaler Fremdenverkehrsverband Vorpommern e.V.
Fischstr. 11, 17489 Greifswald, Tel. 03834/89 10, Fax 89 15 55, E-Mail rfv.vor@t-online.de

ANGELN

Freier Fischfang ist nicht gestattet. Wer in der 12-Meilen-Zone der Ostsee, den Haff- oder Boddengewässern angeln möchte, muss einen auf seinen Namen lautenden Fischereischein mit sich führen und einen zeitlich befristeten Angelberechtigungsschein erwerben. Abnahmeberechtigt für den Fischereischein sind die jeweiligen Fischereiverwaltungsbehörden. Bei den Angelscheinen gibt es Tages-, Wochen- und Jahresberechtigungen. Über Ausgabestellen informieren die Touristikämter; sie können auch schriftlich bestellt werden beim *Landesamt für Fischerei, Justus-von-Liebig-Weg 2, 18059 Rostock, Tel. 0381/40 51 80.*

BADEN

Badeverbot wird an den Wasserrettungsstationen durch zwei unterschiedliche Varianten angezeigt: durch zwei oder durch einen hochgezogenen roten Ball. Eingeschänktes Badeverbot ist an einem hochgezogenen oder einem halb hochgezogenen Ball erkennbar. Es untersagt Kindern und Nichtschwimmern, ins Wasser zu gehen, für Schwimmer heißt es, nur bis Brusttiefe ins Wasser zu gehen.

Die Wasserqualität an der gesamten Ostseeküste Mecklenburg-Vorpommerns wird als gut bis sehr gut beurteilt. Das Landeshygieneinstitut untersucht Mitte Mai bis Mitte September vierzehntäglich das Ostseewasser mikrobiologisch und physikalisch-chemisch auf der Grundlage von EU-Richtlinien.

BEHINDERTE

An der gesamten Ostseeküste gibt es Hotels und Pensionen für behinderte Menschen; die Jugendherbergen in Born und Heringsdorf sind behindertengerecht, auch viele Campingplätze. Behindertengerechte Strandzugänge und -toiletten haben Boltenhagen, Rerik, Kühlungsborn, Baabe, Binz, Zinnowitz, Heringsdorf und Ahlbeck. Die Bernsteinschmuck-Schaumanufaktur in Ribnitz-Damgarten ist für Behinderte zugänglich, das Deutsche Meeresmuseum in Stralsund hat einen Behindertenservice, und Rollstuhlfahrer können die Störtebeker-Festspiele in Ralswiek besuchen. Alle zwischen Schaprode (Rügen) und Hiddensee verkehrenden Fährschiffe sind auf Rollstuhlfahrer eingerichtet. Die Tourist-Informationen bzw. Kurverwaltungen geben weitere Auskünfte und vermitteln Fahrdienste.

BRÜCKENSPERRUNGEN

Rügen ist nur über den *Rügendamm* bei Stralsund erreichbar, der am Tag mehrmals hochgeklappt wird, um größeren Schiffen die Durchfahrt zu ermöglichen: *2.30–2.50, 5.20–5.40, 9.20 bis 9.40, 17.20–17.40, 21.30– 21.50 Uhr.* Geringfügige Änderungen gibt es beim Fahrplanwechsel der Deutschen Bahn AG.

Peenebrücke Wolgast (B 111): 5.40 bis 5.55, 8.55–9.10, 12.55–13.10, 16.55–17.10, 20.55–21.10 Uhr

Peenestrombrücke bei Zecherin (B 110): 5.35–5.50, 8.35–8.50, 12.35 bis 12.50, 16.35–16.50, 20.35 bis 20.50 Uhr

DIPLOMATISCHE VERTRETUNGEN

Botschaft Österreichs
Friedrichstr. 60 (Atrium),
10117 Berlin, Tel. 030/229 05 65,
Fax 229 05 69

Konsularisches Dienstleistungszentrum der Schweiz
Peter-Hensen-Str. 1, 53175 Bonn,
Tel. 02228/816 62 70,
Fax 16 62 71

FÄHRVERKEHR

Die Insel Hiddensee kann mit Personenfähren von *Schaprode (Insel Rügen)* erreicht werden, im Sommer auch von Stralsund, Zingst sowie von Wiek und Breege auf Rügen. In Schaprode sind reichlich bewachte Parkplätze vorhanden. *Auskunft: Reederei Hiddensee, Tel. 03831/26 81 16, Fax 26 81 30*

Die *Glewitzer Autofähre* entlastet den Rügendamm, sie verkehrt von *Stahlbrode* auf dem Festland nach *Glewitz* im Süden Rügens, *April–Okt. tgl. 6–21.40 Uhr.* Bei Sturm sollten Sie sich erkundigen, ob Fährverkehr besteht: *Tel. 0161/440 72 17.* Die *Wittower Autofähre* verbindet die Halbinsel *Wittow* mit Zentralrügen, *April–Okt. 5.50–20.50 Uhr, Nov.–März bis 18.50 Uhr, Tel. 0171/272 25 37.* In der Ferienzeit muss mit Wartezeiten gerechnet werden, empfehlenswert ist deshalb der Umweg über die *Schaabe.*

Autofähren pendeln täglich zwischen Warnemünde und Hohe Düne sowie zwischen Rostock-Schmarl und Rostock-Oldendorf (am Ende der A 19).

FKK

Am Ostseestrand geht es außerhalb der Seebäder sehr zwanglos zu, an den kurtaxefreien Naturstränden ist FKK üblich. *Rügens* beliebteste FKK-Strände befinden sich auf der schmalen Landbrücke *Schaabe* und am *Bakenberg.* Auf der *Insel Hiddensee* hat das Nacktbaden seit den 20er-Jahren Tradition, der Weststrand zwischen den Orten *Vitte* und *Kloster* ist fest in den Händen der FKK-Anhänger. Der bekannteste Nacktbadestrand der *Insel Usedom* erstreckt sich zwischen *Zempin* und *Koserow.* Auf der *Halbinselkette Fischland, Darß, Zingst* wird mit Ausnahme der Strände in den Ortsbereichen überall nackt gebadet.

JUGENDHERBERGEN

Entlang der Ostseeküste Mecklenburg-Vorpommerns haben 17

Interessante Internetadressen

Die Hansestädte im Überblick:
www.greifswald.de; www.rostock.de; www.stralsund.de; www.wismar.de
Internationale Gartenbauausstellung 2003 in Rostock:
www.iga2003.de
Das Rügenwetter von der Livekamera aus Sellin:
www.cliff-hotel.de/livecam.htm
Das Usedomwetter von der Livekamera aus Ahlbeck:
www.usedom-touristik.de/LiveCam/LCZentral.html
Aktuelle Schiffs- und Fährverbindungen:
www.weisse-flotte.com; www.reederei-hiddensee.com
Störtebeker-Festspiele in Ralswiek auf Rügen:
www.stoertebeker.de
Kleinbahnen »Molli« und »Rasender Roland«:
www.molli-bahn.de; www.rasender-roland.de

Jugendherbergen geöffnet. Voraussetzung für das preiswerte Übernachten (in Mehrbettzimmern) ist der Besitz eines gültigen Ausweises des Deutschen Jugendherbergwerkes (DJH) für Junioren (bis 26 Jahre) oder Senioren (ab 27 Jahre). Auskunft: *DJH-Landesverband Mecklenburg-Vorpommern e. V., Erich-Schlesinger-Str. 41, 18059 Rostock, Tel. 0381/ 77 66 70, Fax 769 86 82.*

KIRCHEN

Die städtischen Pfarrkirchen sind auch in der Saison meist nur stundenweise geöffnet; wann genau, das wissen die Kurverwaltungen und Tourist-Informationen. Die Türme der Marienkirchen in Barth, Greifswald, Rostock und Stralsund sowie die Türme der Petrikirchen in Rostock und Wolgast und der Jakobikirche in Greifswald können bestiegen werden; einen Fahrstuhl zum Aussichtsgeschoss hat nur die Rostocker Petrikirche. Auf dem Lande ist man im Pfarramt meist bereit, die Kirchentür für eine Besichtigung aufzuschließen.

KURTAXE

Kurtaxe wird in allen Badeorten erhoben, Kinder sind meist davon befreit (siehe auch Seite 120, »Was bekomme ich für mein Geld«). Schwerbehinderte mit Ausweis, Arbeitslose und Sozialhilfeempfänger zahlen in der Regel nur die Hälfte. Kassiert wird bei der Anmeldung in der Unterkunft. Beim Vorzeigen der Kurkarte werden bei Veranstaltungen oft Preisermäßigungen gewährt.

NOTRUFE

Polizei *Tel. 110*
Feuerwehr, Notarzt *Tel. 112*

ÖFFNUNGSZEITEN

Kleinere Restaurants haben oftmals einen Ruhetag, außerhalb der Saison können das sogar zwei sein. Wer also nicht vor verschlossener Tür stehen möchte, sollte sich vorher telefonisch erkundigen, ob geöffnet ist. Deshalb haben wir die Telefonummern angegeben. Sind keine Gäste mehr da, wird oft früher als angegeben geschlossen. Im Winter bleibt manche Eingangstür in den Seebädern auch tage- oder wochenlang zu.

Bei den Geschäften gibt es in den Dörfern und Kleinstädten meist eine Mittagspause von ein bis zwei Sunden. In den Ferienorten gestattet die so genannte Bäderregelung den Geschäften folgende Öffnungszeiten: *Mai bis Okt. Sa bis 20 und So 12–18 Uhr.*

Die Museen haben meist am Montag geschlossen; im Winterhalbjahr gibt es oft eine Mittagspause und weitere eingeschränkte Öffnungszeiten.

PANNENHILFE

ADAC
Tel. 01802/22 22 22

PRIVATUNTERKUNFT

Privatquartiere stehen in jedem Ferienort zur Verfügung, auch Ferienwohnungen werden reichlich angeboten. In der Hochsaison sind sie, weil preisgünstiger als Hotel- oder Pensionszimmer, jedoch rasch vermietet. Die Vermittlung erfolgt oft über die Tourist-Informationen.

RAD FAHREN

Das flache Land eignet sich gut zum Radfahren, doch das Fahren ist auf dem noch immer weit verbreiteten Kopfsteinpflaster der Nebenstraßen und auf den vielen Sandwegen manchmal mühevoll. In jüngster Zeit sind viele Radwege entstanden. Fast in jedem Ort können Sie Fahrräder leihen, das Wegenetz wird immer dichter. Radwandertouren entlang der Küste sowie nach Rügen und Usedom bietet (mit Gepäckservice) von April bis Mitte Oktober an: *Die Mecklenburger Radtour, Zunftstr. 4, 18437 Stralsund, Tel. 03831/ 28 02 20, Fax 28 02 19.*

REISEZEIT

Juni bis August drängen sich die Urlauber in den Ostseebädern. Naturfreunde schätzen das Frühjahr, wenn das erste Grün sprießt, oder den Herbst, wenn sich das Laub verfärbt. Immer beliebter: der Kurzurlaub im Winter.

WETTER IN GREIFSWALD

Die monatlichen Durchschnittswerte im Überblick

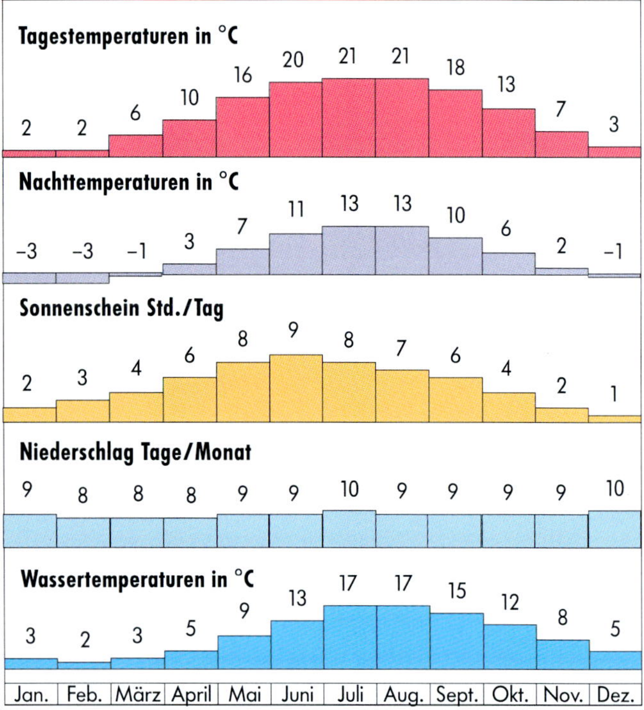

Bloß nicht!

Tipps, die Sie vor negativen Erfahrungen an der Ostseeküste Mecklenburg-Vorpommerns bewahren sollen

Fischwilderei begehen
Wer sein Petriglück ohne Erlaubnisschein zum Angeln versucht, begeht Fischwilderei. Das ist kein Kavaliersdelikt, sondern wird nach § 293 des Strafgesetzbuches als Straftat geahndet. Die Fischmeister haben als Hilfsbeamte der Staatsanwaltschaft polizeiliche Befugnisse.

Leichtsinn beim Baden
Der Schwimmbereich in der Ostsee ist in den Seebädern durch Bojen abgesteckt. Mut oder Sportlichkeit sollten nicht durch Überwindung dieser Begrenzung demonstriert werden. Sie sollten auch auf plötzlich aufkommende ablandige Winde achten, wenn Sie auf einer Luftmatratze auf der See treiben. Wird man erst in tiefes Wasser abgetrieben, kommt man selten ohne fremde Hilfe wieder an Land.

Alles für Bernstein halten
Gelbbraune Kieselsteine oder abgeschliffene braune Glasscherben sehen oft wie Bernstein aus. Ob Ihr Strandfund wirklich Bernstein ist, stellen Sie durch die Reibeprobe schnell fest: Wird ein größeres Bernsteinstück an einem Kleidungsstück gerieben, lädt es sich im Gegensatz zum Kieselstein oder Glas elektrostatisch auf und zieht kleine Papierschnitzel an. Bei kleinen Stücken bleibt die Probe meist erfolglos, in diesem Fall sollten Sie zwei Esslöffel Kochsalz in einem Glas Wasser auflösen. Bernstein schwimmt wegen seiner geringen Dichte (1,05 g pro Kubikzentimeter), Kieselsteine und Glas sinken zu Boden.

Dünenschutz missachten
Dünen sind das erste Bollwerk gegen Sturmhochwasser; der Strandhafer festigt sie. Sie gehören daher zum Küstenschutz und dürfen nur auf dafür vorgesehenen Wegen überquert werden. Strafen riskieren auch jene, die Burgen in den Dünen bauen, der Mindestabstand muss 2 m betragen.

Mückenschutz vergessen
Die kleinen Quälgeister können in einigen Regionen schöne Abende erheblich vermiesen. Mückenschutzmittel sollten deshalb unbedingt parat sein.

Naturfrevel begehen
An der Küste stehen nicht wenige Pflanzen unter Naturschutz, beispielsweise Stranddistel und Meerkohl. Diese Gewächse dürfen nicht gepflückt oder ausgegraben werden.

In den mit einer Eule gekennzeichneten Naturschutzgebieten dürfen die Wege nicht verlassen werden. Tabu sind Vogelschutzgebiete, so die Insel Langenwerder bei Poel, die Fährinsel vor Hiddensee sowie die Inseln Heuwiese und Beuchel.

Quallen übersehen

Harmlos ist die glasklare Ohrenqualle. Die gelb bis rot aussehende Nesselqualle dagegen sollten Sie möglichst nicht berühren, denn sie verursacht brennende Hautreizungen. Zu Recht wird sie deshalb auch als Feuerqualle bezeichnet.

Reservierung vergessen

An warmen Sommertagen musste schon mancher die Nacht im Auto verbringen, weil es keine freien Hotel- und Privatzimmer mehr gab. Vorherige Reservierung ist also angebracht. Wer sich tagsüber am Strand aufhält oder die Sehenswürdigkeiten des Hinterlandes erkunden möchte, sollte auf keinen Fall Vollpension buchen. Gaststätten gibt es überall reichlich.

Sonnenbrand

Wer im Juni und Juli zwischen 10 und 14 Uhr an den Strand geht, sollte sein erstes Sonnenbad nicht über 35 Minuten ausdehnen.

Zu nah ans Steilufer

Sturm und Regen nagen unaufhaltsam am Steilufer. Kopf und Kragen riskiert daher, wer sich – beispielsweise bei Ahrenshoop – zu nahe an den Rand wagt.

Steinstrand ohne Badeschuhe

An einigen Küstenabschnitten, so in Heiligendamm und bei Stubbenkammer, liegen Millionen von Steinen am Strand. Badeschuhe sind dort unerlässlich, es sei denn, man weicht an einen für die Ostseeküste ansonsten typischen feinen Sandstrand aus.

Irrgäste

16 m lang war ein 1825 an der Westküste Rügens gestrandeter junger Finnwal. Das 10 Tonnen schwere Tier wurde zwischen zwei Segelbooten befestigt und nach Wieck bei Greifswald bugsiert. Sein Skelett befand sich rund 150 Jahre in der Greifswalder Universität, bis es nach Stralsund ins Meeresmuseum kam.

Die Stralsunder Fischer Heiden und Venz staunten am 20. Oktober des Jahres 1965 nicht schlecht, als in ihren Netzen eine 215 cm große und 45 kg schwere Lederschildkröte zappelte. Es war der bislang einzige Fund einer tropischen Meeresschildkröte in der Ostsee.

Im Mai 1975 konnte an der Rügendammbrücke bei Stralsund ein in die Ostsee verirrter Weißschnauzendelphin beobachtet werden, leider wurde er einige Tage später verendet am Strand bei Neuendorf auf Rügen gefunden. Stolze 255 cm lang war ein Schwertfisch, der 1977 in der Nähe Stralsunds angespült wurde. Vor Hiddensee verendete am 23. August 1993 ein 6 Tonnen schwerer und 10 m langer Wal.

Reiseatlas Ostseeküste

Die Seiteneinteilung für den Reiseatlas finden Sie auf dem hinteren Umschlag dieses Reiseführers

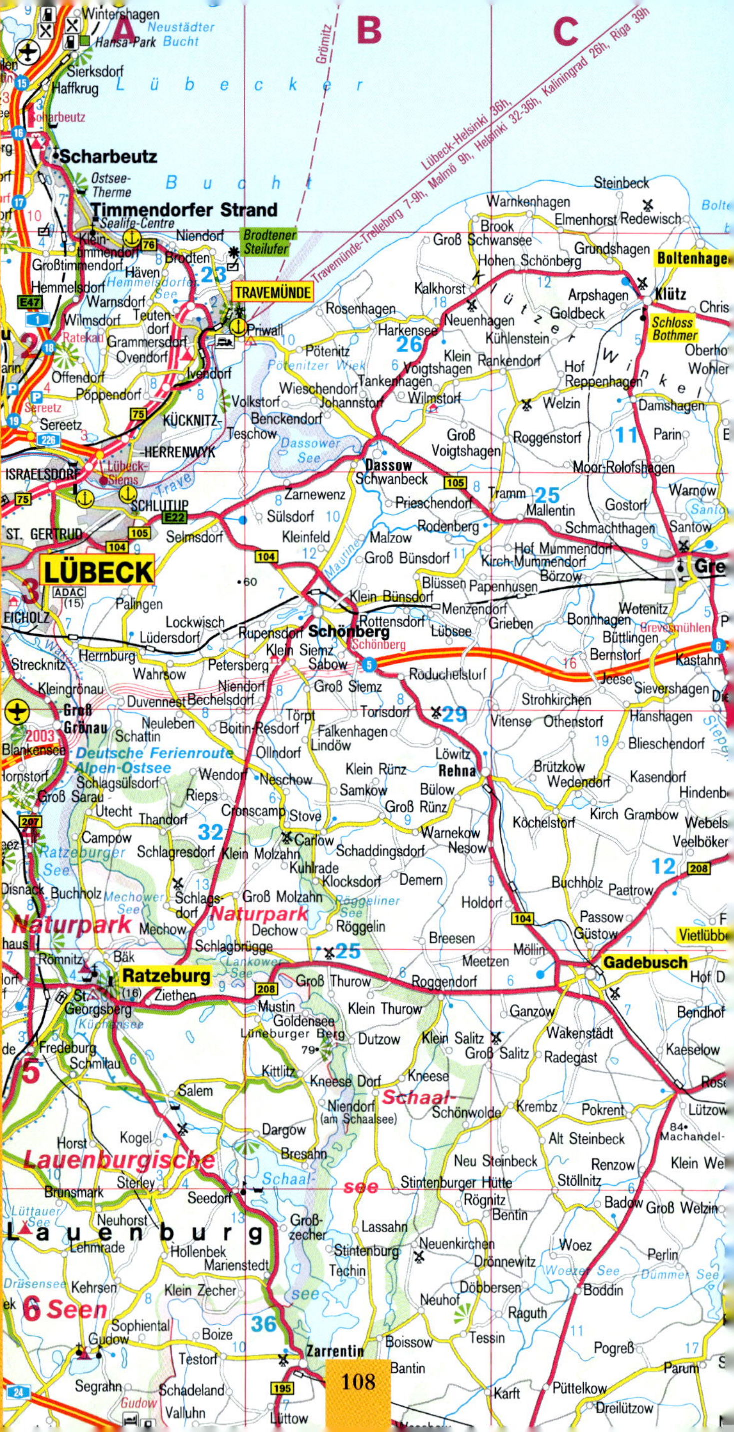

A
B
C
Wintershagen
Neustädter Bucht
Hansa-Park
Sierksdorf
Haffkrug
Lübecker Bucht
Grömitz
Scharbeutz
Ostsee-Therme
Timmendorfer Strand
Sealife-Centre
Klein-timmendorf
Großtimmendorf
Niendorf
Brodtener Steilufer
Brodten
Häven
Hemmelsdorfer See
Hemmelsdorf
Warnsdorf
Teutendorf
TRAVEMÜNDE
Priwall
Wilmsdorf
Ratekau
Grammersdorf
Ovendorf
Ivendorf
Offendorf
Pöppendorf
Sereetz
Kücknitz
Herrenwyk
Israelsdorf
Lübeck-Siems
Schlutup
St. Gertrud
LÜBECK
ADAC
Eichholz
Palingen
Lockwisch
Lüdersdorf
Herrnburg
Strecknitz
Wahrsow
Kleingrönau
Groß Grönau
Blankensee
Duvennest
Bechelsdorf
Neuleben
Schattin
Deutsche Ferienroute Alpen-Ostsee
Hornstorf
Schlagsülsdorf
Groß Sarau
Utecht
Campow
Ratzeburger See
Disnack
Buchholz
Mechower See
Mechow
Naturpark
Römnitz
Bäk
Ratzeburg
St. Georgsberg
Ziethen
Küchensee
Fredeburg
Schmilau
Salem
Horst
Kogel
Lauenburgische
Brunsmark
Sterley
Seedorf
Lüttauer See
Neuhorst
Lauenburg
Lehmrade
Hollenbek
Marienstedt
Drüsensee
Kehrsen
Klein Zecher
6 Seen
Sophiental
Gudow
Boize
Testorf
Segrahn
Schadeland
Valluhn
Lüttow
Zarrentin
Gudow
Brook
Groß Schwansee
Hohen Schönberg
Warnkenhagen
Steinbeck
Elmenhorst
Redewisch
Grundshagen
Boltenhagen
Klützer Winkel
Kalkhorst
Arpshagen
Klütz
Goldbeck
Schloss Bothmer
Rosenhagen
Harkensee
Neuenhagen
Kühlenstein
Pötenitz
Pötenitzer Wiek
Voigtshagen
Klein Voigtshagen
Rankendorf
Hof Reppenhagen
Damshagen
Tankenhagen
Wieschendorf
Johannstorf
Wilmstorf
Welzin
Volkstorf
Benckendorf
Teschow
Dassower See
Groß Voigtshagen
Roggenstorf
Parin
Moor-Rolofshagen
Dassow
Schwanbeck
Tramm
Mallentin
Gostorf
Warnow
Zarnewenz
Prieschendorf
Sülsdorf
Selmsdorf
Kleinfeld
Rodenberg
Schmachthagen
Santow
Malzow
Maurine
Groß Bünsdorf
Hof Mummendorf
Kirch-Mummendorf
Börzow
Blüssen
Papenhusen
Klein Bünsdorf
Menzendorf
Rottensdorf
Wotenitz
Bonnhagen
Grevesmühlen
Büttlingen
Schönberg
Lübsee
Grieben
Rupensdorf
Klein Siemz
Sabow
Roduchelstorf
Bernstorf
Kastahn
Petersberg
Jeese
Sievershagen
Niendorf
Groß Siemz
Strohkirchen
Törpt
Torisdorf
Boitin-Resdorf
Falkenhagen
Lindow
Vitense
Othenstorf
Hanshagen
Ollndorf
Löwitz
Rehna
Blieschendorf
Brützkow
Wedendorf
Kasendorf
Wendorf
Neschow
Klein Rünz
Samkow
Bülow
Rieps
Cronscamp
Stove
Groß Rünz
Köchelstorf
Kirch Grambow
Thandorf
Schlagresdorf
Carlow
Warnekow
Nesow
Schaddingsdorf
Klein Molzahn
Kuhlrade
Klocksdorf
Demern
Veelböken
Buchholz
Paetrow
Schlagsdorf
Groß Molzahn
Rögeliner See
Holdorf
Passow
Dechow
Röggelin
Breesen
Güstow
Vietlübbe
Schlagbrügge
Lankower See
Möllin
Meetzen
Gadebusch
Groß Thurow
Roggendorf
Mustin
Klein Thurow
Ganzow
Goldensee
Lüneburger Berg
Dutzow
Klein Salitz
Groß Salitz
Wakenstädt
Radegast
Kittlitz
Kneese Dorf
Kneese
Niendorf (am Schaalsee)
Schaal-
Schönwolde
Krembz
Pokrent
Lützow
Machandel-
Dargow
Alt Steinbeck
Bresahn
Neu Steinbeck
Renzow
Klein Wel
Schaalsee
Stintenburger Hütte
Stöllnitz
Rögnitz
Bentin
Badow
Groß Welzin
Groß-zecher
Lassahn
Stintenburg
Neuenkirchen
Woez
Drönnewitz
Perlin
Techin
Woezer See
Dümmer See
Döbbersen
Boddin
Neuhof
Raguth
Tessin
Boissow
Pogreß
Bantin
Parum
Karft
Püttelkow
Dreilützow
Lübeck-Helsinki 36h,
Travemünde-Trelleborg 7-9h, Malmö 9h, Helsinki 32-36h, Kaliningrad 26h, Riga 39h

D
E
F
110
1
2
3
4
5
6
Poel
Insel Poel
Kieler Bucht
Wismarbucht
Wohlen-berger Wiek
Langenwerder
Gollwitz
Boiensdorfer Werder
Boiensdorf
Kaltenhof
Vorwerk
Kirchdorf
Timmendorf
Damekow
Stove
Niendorf
Pepelow
Rakow
Russow
Jörnstorf
Körchow
Biendorf
Neubukow
Panzow
Ravensberg
Alt Bukow
Clausdorf
Blowatz
Friedrichsdorf
Robertsdorf
Nantrow
Hanse-Route
Garvensdorf
Lischow
Fährdorf
Alt Farpen
Groß Strömkendorf
Hagebök
Madsow
Neuburg-Steinhausen
Zarnekow
Bäbelin
Tatow
Neuendorf
Züsow
Krusenhagen
Kartlow
Gagzow
Kalsow
Gamehl
Tarnewitz
Rustwerder
Haken
Hohen Wieschendorf
Beckerwitz
Zierow
Redentin Dorf
Eiserne Hand
Rohlstorf
Hornstorf
Tollow
Goldebee
Neukloster
Neuhof
Benz
Gramkow
Hohenkirchen
Wahrstorf
Manderow
Wendorf
Nikolaikirche
Fürstenhof
Gägelow
Weitendorf
Groß Walmstorf
Alt Jassewitz
Stofferstorf
WISMAR
Markt
Kreuz Wismar
Kritzow
Schmakentin
Nevern
Zurow
Krassow
Neukloster
Klosterkirche
Hamberge
Barendorf
Groß Woltersdorf
Barnekow
Wismar-Mitte
Triwalk
Megalithgräber
Grevesmühlen
Gressow
Metelsdorf
Karow
Kahlenberg
Lübow
Naschendorf
Krönkenhagen
Käselow
Klüssendorf
Dorf Mecklenburg
Maßlow
Fahren
Reinstorf
Quaal
Lüttersdorf
Köchelsdorf
Rambow
Wietow
Schimm
Neperstorf
Plüschow
Beidendorf
Kletzin
Büschow
Großer Wariner See
Boienhagen
Bobitz
Groß Krankow
Grapen Stieten
Groß Stieten
Moidentin
Moltow
Klein Krankow
Kleekamp
Nisbill
Warin
Rastorf
Losten
Niendorf
Hohen Viecheln
Jesendorf
Bibowsee
Bibow
Testorf-Rüting
Harmshagen
Dambeck
Schönhof
Wendisch Rambow
Bad Kleinen
Ventschow
Dämelow
Neuhof
Neuhofer See
Blankenberg
Tempziner See
Steinfort
Dalliendorf
Neu Meteln
Drispeth
Gallentin
Wüstenmark
Mühlen-Eichsen
Moltenow
Flessenow
Rubow
Zahrensdorf
Wipersdorf
Zickhusen
Neu Schlagsdorf
Buchholz
Keezer See
Groß Eichsen
Wendelstorf
Hof Meteln
Alt Meteln
Rugensee
Schweriner See
Retgendorf
Häven
Keez
Thurow
Brüel
Tessin
Kuhlen
Schönfeld
Dalberg-Wendelstorf
Klein Trebbow
Lübstorf
Liessow
Golchen
Nutteln
Dragun
Böken
Groß Trebbow
Hundorf
Cambs
Gustävel
Drieberg
Cramonshagen
Nienmark
Pingelshagen
Seehof
Rampe
Schwerin-Nord
Kleefeld
Zaschendorf
Schönlage
Gottmannsförde
Barner Stück
Kirch Stück
Cambser See
Zittow
Mühlselmow
Wendorf
Brüsewitz
Wickendorf
Warnow
Langen Brütz
Kritzow
Warnitz
Ziegelsee
Leezen
Weberin
Venzkow
Friedrichsthal
Vorbeck
Sperrgebiet
Groß Brütz
LANKOW
Gneven
Basthorst
Gottesgabe
Neumühler See
NEUMÜHLE
Dom
SCHWERIN
Augustenhof
Kobande
Wittenförden
Godern
Grambow
Schloss
Mecklenburgisches Volkskundemuseum
Gädebehn
GÖRRIES
Klein Rogahn
HASELHOLZ
Pinnow
Groß Rogahn
KREBSFÖRDEN
Mueß
Schwerin-Ost
Raben Steinfeld
Crivitz
Dümmerstück Hof
Wüstmark
GROSSER DREESCH
Zülow
Pampow
Conrade
Zietlitz
5km
Stralendorf
Neu Pampow
Peckatel
Militzhof
Walsmühlen
Buchholz
Plate
Sukow
Settin
Dorf-Zapel
Krumbeck
Kothendorf
Holthusen
Göhren
Ruthenbeck
Lehmkuhlen
Warsow
Boldela
Banzkow
Bahlenhüschen
Tramm
109

A
B
C
1
2
3
4
5km
OSTSEE
Mecklenburger Bu
Kühlungsborn-
West
Ost
Kägsdorf
Meschendorf
Heiligendamm
Börgerende
Nienhagen
Bastorf
Wittenbeck
Vorder Bollhagen
Bad Dob
Klosterkirche
Mechelsdorf
Rerik
Steffenshagen
Diedrichshagener B.
Diedrichshagen
Brodhagen
Wustrow
Blengow
Jennewitz
Reddelich
Zweedorf
Gersdorf
Hohenfelde
Roggow
Biendorf
Körchow
Hanse-Route
Kröpelin
Russow
Jörnstorf
Salzhaff
Kielung
Retschow
Denkmalhof
Pepelow
Rakow
Westenbrügge
Boiensdorfer Werder
Neubukow
Schmadebeck
Altenhagen
Gollwitz
Boiensdorf
Krempin
Rederank
Heiligenhagen
Vorwerk
Stove
Niendorf
Panzow
Alt Karin
Kirchdorf
Damekow
Alt Bukow
Ravensberg
Neu Karin
Kamin
Gerdshagen
Satow
Blowatz
Clausdorf
Danneborth
Friedrichsdorf
Nantrow
Moitin
Breitling
Robertsdorf
Garvensdorf
Rosenhagen
Fährdorf
Lischow
Klein Mulsow
Radegast
Kröpelin
Alt Farpen
Groß Strömkendorf
Hagebök
Kirch Mulsow
Madsow
Neuburg-Steinhausen
Passee
Jürgenshage
Neukirchen
Klein Gischow
Zarnekow
Wakendorf
Berendshagen
Krusenhagen
Kartlow
Tatow
Bäbelin
Groß Gischow
Viezen
Gagzow
Neuendorf
Züsow
Warnkenhagen
Gnemern
Kalsow
Gamehl
Glasin
Rohlstorf
Hornstorf
Moltenow
Groß Tessin
Tollow
Klein Sien
Bernitt
Benz
Goldebee
Neukloster
Neuhof
Nikolaikirche
Kritzow
Babst
Großtessiner See
Schmakentin
Nevern
Moisall
Markt
Kreuz Wismar
Zurow
Perniek
Hermannshagen
Kurzen Trechow
Krassow
Lüderstorf
Käterhagen
Schlemmin
Triwalk
Zurow
Neukloster
Klosterkirche
Langer-B.
Kahlenberg
Lübow
Lübberstorf
Göllin
Jabelitz
Neuendorf
Steinhagen
Dorf Mecklenburg
Maßlow
Fahren
Reinstorf
Neuklostersee
Katelbogen
Großer Rühner See
Wietow
Kletzin
Schimm
Neperstorf
Pennewitt
Qualitz
Kiesen-B.
Hof Rühn
Moidentin
Moltow
Büschow
Großer Wariner See
Rühn
Groß Stieten
Schependorf
Baumgarten
Kleekamp
Mankmoos
Wendorf
Losten
Hohen Viecheln
Jesendorf
Nisbill
Warin
Klein Labenz
Laase
Warnow
Bibowsee
Bibow
Großlabenzer See
Eickhof
Kleinen
Ventschow
Dämelow
Neuhof
Neuhofer See
Groß Labenz
Warnow
Friedrichswalde
Eickelberg
Klein Raden
Dietrich
E22
105
192
241
106
Hanse-Route

109

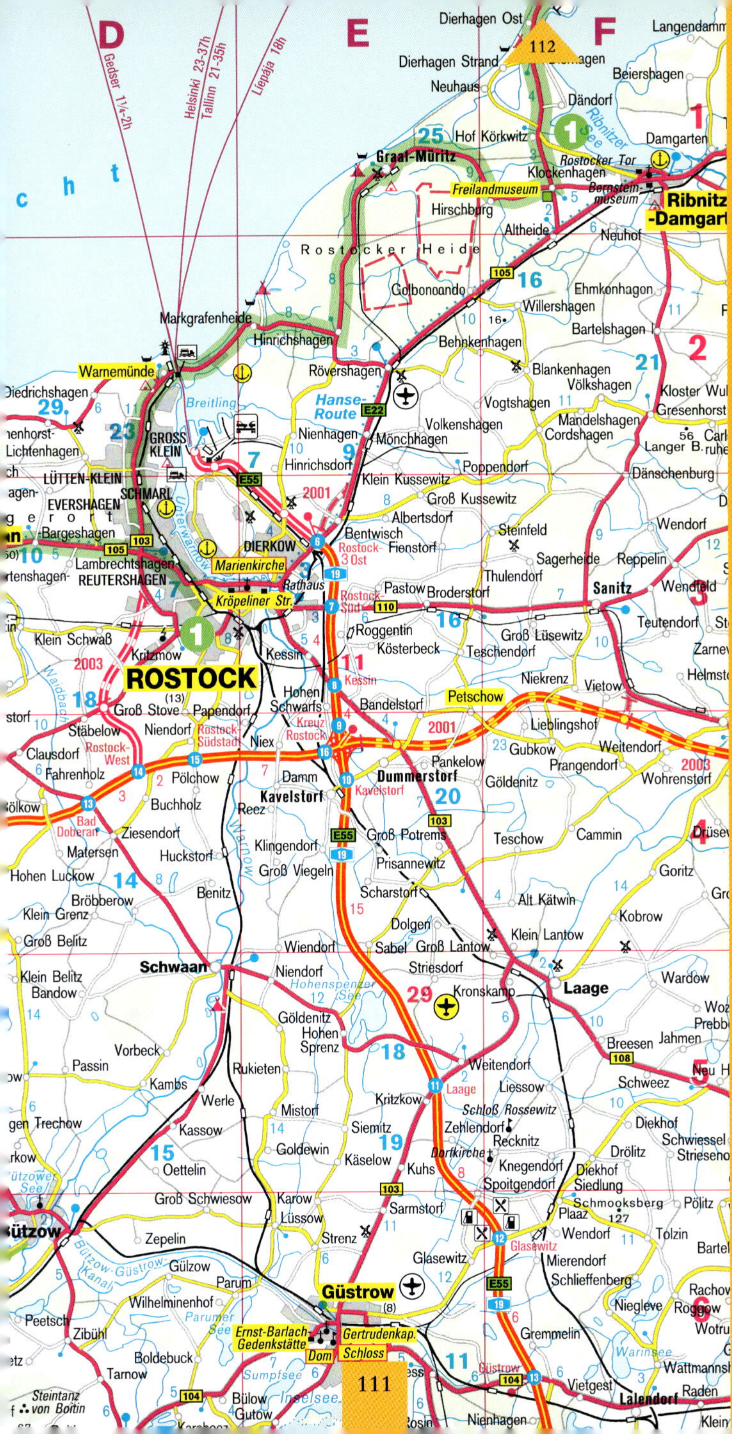

D
E
F
Gedser 1¼-2h
Helsinki 23-37h
Tallinn 21-35h
Liepāja 18h
Dierhagen Ost
Langendamm
Dierhagen Strand
Beiershagen
Neuhaus
Dändorf
Ribnitzer See
Hof Körkwitz
Damgarten
Graal-Müritz
Rostocker Tor
Klockenhagen
Freilandmuseum
Bernstein-museum
Ribnitz-Damgarten
Hirschburg
Altheide
Neuhof
Rostocker Heide
Ehmkonhagen
Willershagen
Bartelshagen
Markgrafenheide
Hinrichshagen
Behnkenhagen
Warnemünde
Rövershagen
Blankenhagen
Völkshagen
Kloster Wulfshagen
Gresenhorst
Diedrichshagen
Breitling
Hanse-Route
Vogtshagen
Mandelshagen
Cordshagen
Lichtenhagen
GROSS KLEIN
Nienhagen
Mönchhagen
Volkenshagen
Langer Berg
LÜTTEN-KLEIN
Hinrichsdorf
Poppendorf
Dänschenburg
SCHMARL
Klein Kussewitz
EVERSHAGEN
Unterwarnow
Groß Kussewitz
Albertsdorf
Wendorf
Bargeshagen
Bentwisch
Steinfeld
DIERKOW
Rostock-Ost
Fienstorf
Sagerheide
Reppelin
Lambrechtshagen
REUTERSHAGEN
Marienkirche
Rathaus
Thulendorf
Wendfeld
Kröpeliner Str.
Pastow
Broderstorf
Sanitz
Rostock-Süd
Roggentin
Groß Lüsewitz
Teutendorf
Klein Schwaß
Kösterbeck
Teschendorf
Kritzmow
Kessin
Niekrenz
Vietow
ROSTOCK
Hohen Schwarfs
Bandelstorf
Petschow
Groß Stove
Papendorf
Kreuz Rostock
Lieblingshof
Stäbelow
Niendorf
Rostock-Südstadt
Niex
Gubkow
Weitendorf
Clausdorf
Rostock-West
Pankelow
Prangendorf
Fahrenholz
Pölchow
Damm
Dummerstorf
Göldenitz
Wohrenstorf
Kavelstorf
Buchholz
Reez
Bad Doberan
Ziesendorf
Groß Potrems
Teschow
Cammin
Matersen
Huckstorf
Klingendorf
Prisannewitz
Goritz
Hohen Luckow
Groß Viegeln
Warnow
Bröbberow
Benitz
Scharstorf
Alt Kätwin
Klein Grenz
Kobrow
Dolgen
Klein Lantow
Groß Belitz
Wiendorf
Sabel
Groß Lantow
Schwaan
Niendorf
Striesdorf
Laage
Klein Belitz
Hohenspenzer See
Kronskamp
Wardow
Bandow
Göldenitz
Hohen Sprenz
Breesen
Jahmen
Vorbeck
Weitendorf
Passin
Rukieten
Schweez
Kambs
Laage
Liessow
Werle
Kritzkow
Schloß Rossewitz
Mistorf
Zehlendorf
Dieckhof
Trechow
Kassow
Siemitz
Recknitz
Drölitz
Schwiessel
Goldewin
Dorfkirche
Oettelin
Käselow
Kuhs
Knegendorf
Spoitgendorf
Diekhof Siedlung
Bützower See
Groß Schwiesow
Karow
Schmooksberg
Pölitz
Lüssow
Sarmstorf
Plaaz
Bützow
Zepelin
Strenz
Wendorf
Tolzin
Bützow-Güstrow-Kanal
Glasewitz
Glasewitz
Mierendorf
Gülzow
Parum
Güstrow
Schlieffenberg
Wilhelminenhof
Parumer See
Niegleve
Roggow
Peetsch
Ernst-Barlach-Gedenkstätte
Gertrudenkap.
Gremmelin
Zibühl
Dom
Schloss
Boldebuck
Sumpfsee
Warinsee
Wattmannshagen
Tarnow
Güstrow
Vietgest
Raden
Steintanz von Boitin
Bülow
Inselsee
Lalendorf
Gutow
Nienhagen

112
111

A
B
C
1
2
3
4
5
6
Nationalpark
Vorpommersche
Bodde
5km
Darßer Ort
Prerow
Zingst
Z i n g s
Müggenburg
Große Kirr
Oie
D a r ß
Rehberge
Wieck auf Darß
Bodstedter
Bodden
Bliesenrade
Bresewitz
Barther
Bodden
Grabo
Born auf Darß
Pruchten
Barth
Marienkirche
Bodstedt
Küstrow
Dabitz
Neu Bart
Ahrenshoop
Althagen
Hohes Ufer
Niehagen
Michaelsdorf
Fuhlendorf
Wustrow
Neuendorf Heide
Hermannshagen Heide
Rubitz
Saaler
Bodden
Fischland
Neuendorf
Divitz
Flemendorf
Kenz
Hermannshof
Spoldershagen
Saal
Bartelshagen II
Lüdershagen
Saatel
Karnin
Langendamm
Martenshagen
Löbnitz
Hessenburg
Barthe
Hanse-Route
E22
Dierhagen
Beiershagen
Neuhof
105
Kindshagen
Langenhanshagen
Manschenhagen
Starkow
Dändorf
Ribnitzer See
Wiepkenhagen
Neuhof
Velgast
Altenwillershagen
Tempel
Damgarten
Altenhagen
Neuenhagen
Behrenshagen
Trinwillershagen
Hövet
Rostocker Tor
Klockenhagen
Bernstein-museum
Ribnitz-Damgarten
Recknitz
Neuenlübke
Ahrenshagen
Daskow
Pantlitz
Todenhagen
Schlemmin
Ravenhorst
Weitenhagen
Behrenwalde
Millienhage
Neuhof
Tressentin
Kuhlrade
Tribohm
Gruel
Zornow
Ehmkenhagen
Willershagen
Poppendorf
Jahnkendorf
Camitz
Semlow
Spiekersdorf
Oebelitz
Bartelshagen I
Allerstorf
Leplow
Brünkendorf
Plennin
Blankenhagen
Völkshagen
Alt Guthendorf
Eixen
Bisdorf
Hugoldsdorf
Katzenow
Dolge
Kloster Wulfshagen
Marlow
Wohsen
Gresenhorst
Mandelshagen
Cordshagen
Alt Steinhorst
Drechow
Langer B.
Carlsruhe
Kavelsdorf
Rönkendorf
Vogelpark Marlow
Schulenberg
Landsdorf
Krakow
Dänschenburg
Fahrenhaupt
Kneese Hof
Bad Sülze
Rekentin
Dettmannsdorf
Kölzow
Wendorf
Redderstorf
Tribsees
Sagerheide
Reppelin
Kucksdorf
Dudendorf
Stubbendorf
Langsdorf
Sanitz
Wendfeld
Gnewitz
Ehmkendorf
Schabow
Stremlow
Teutendorf
Stormstorf
Böhlendorf
Techlin
Lüsewitz
Zarnewanz
Liepen
2002
Trebelkanal
Breesen
Niekrenz
Helmstorf
Alt Stassow
Grammow
Vietow
Thelkow
Behren-Lübchin
Tangrim
Fäsekow
Tessin
Recknitz
Neu Quitzenow
Bassendorf
Lieblingshof
Kowalz
Viecheln
Weitendorf
Vilz
110
Nustrow
Bäbelitz
Alt Quitzenow
Prangendorf
2003
Wasdow
Wohrenstorf
Samow
Selpin
Basse
Woltow
Warbelow
Cammin
Warbel
Lühburg
Gnoien
Bobbin
Goritz
Wesselstorf
Groß Nieköhr
Groß Ridsenow
Neu Nieköhr
111
112

D
E
F
114
Udarser Wiek
Hünengräber
Venz
Schweikvitz
Silenz
Kluis
Gagern
Natur-
park
Koselower See
Haide
Gellen
Ummanz
Dorfkirche
Waase
Gingst
Pansevitz
Ramitz
Boldevitz
Muglitz
1
landschaft
Bock
Freesenort
Wusse
Ummanz
Lieschow
R
ü
g
Steinshof
Groß Kubitz
Neuendorf
Unrow
Pramort
Barhöft
Wendisch Langendorf
Heuwiese
Kubitzer
Bodden
Liebitz
Landow
Dreschvitz
Groß Kubbelkow
Rügen
Güttin
Bisdorf
Klausdorf
Batevitz
Hohendorf
Groß Mohrdorf
Nisdorf
Muuks
Günz
Prohn
Parow
Kramerhof
Breesen
Grabitz
Rothenkirchen
Negast
Samtens
Rambin
Barnkevitz
Scharpitz
Altefähr
Jarkvitz
E22
E251
96
25
2
Karnitz
Fusch-Bge
Berglase
Altenpleen
Preetz
Neuenpleen
Buschenhagen
Schmedshagen
Götemitz
Frankenthal
Duvendiek
Krönnevitz
Lassentin
Zansebuhr
STRALSUND
Rathaus
Nikolaikirche
Museum
Marienkirche
Deutsche Alleenstraße
Groß Stubben
29
Gustow
Poseritz
Wulfsberg
Niepars
Pantelitz
105
E22
Martensdorf
Langendorf
Hünengräber
Benz
Swantow
Drigge
Sissow
26
Kummerow
Obermützkow
Pütte
194
Zimkendorf
Lüssow
Neu Lüdershagen
Prosnitz
Venzvitz
Mellnitz
Glutzow Siedlung
Zudar
3
Borgwallsee
Barthe
Lendershagen
Negast
Devin
Neuhof
Niederhof
Losentitz
Nienhagen
23
Wendorf
Zarrendorf
E251
Brandshagen
96
Stahlbrode
Glewitz
Jakobsdorf
Steinhagen
Krummenhagen
Oberhinrichshagen
Ahrendsee
Hanse-Route
Reinberg
Falkenhagen
Berthke
Elmenhorst
Grün Kordshagen
Windebrak
Deutsche Alleenstraße
Bookhagen
Behnkendorf
Miltzow
Reinkenhagen
31
Hildbrandshagen
Riemserort
Richtenberg
Abtshagen
Jeeser
Franzburg
194
Wittenhagen
Mannhagen
Kirchdorf
4
Eichholz
Sievertshagen
27
Wilmshagen
E251
Ungnade
Glashagen
Jager
Wolfsdorf
Stoltenhagen
Karls-B.
Buchholz
Papenhagen
Bremerhagen
Meseke
Rolofshagen
Hohenwarth
Horst
Klein Kieshof
Hohenbarnekow
Schönenwalde
Willerswalde
Groß Petershagen
96
Splietsdorf
Holthof
Bartmannshagen
Wüst Eldena
2003
St. Marien-Kirche
Grimmen
Jarmshagen
Steffenshagen
Wackerow
Vorland
Quitzin
Rathaus
Kaschow
Willershusen
Grellenberg
Prützmannshagen
Neuendorf
Levenhagen
Boltenhagen
Trebel
Bassin
Jessin
Kreutzmannshagen
19
Heilgeisthof
5
Kirch Baggendorf
2001
Griebenow
24
Leyerhof
Klevenow
8
Klein-Bisdorf
Alt Ungnade
Zarrentin
Borgstedt
Wüsteney
Wendisch Baggendorf
Dönnie
Boltenhagen
Kandelin
Groß-Friedrichsfelde
Neu Ungnade
Gransebieth
Poggendorf
Süderholz
Brönkow
Groß Zarnewanz
194
Voigtsdorf
Strelow
Rakow
Schmietkow
Alt Pansow
Dersekow
Deutsche Alleenstraße
Klein Zastrow
Sestelin
Zarnekow
Bretwisch
Pustow
Treuen
Sassen
Groß Zastrow
Glewitz
Jahnkow
Nielitz
Gülzowshof
Alt Negentin
Zarnekla
Düvier
Schwinge
Langenfelde
Roter Brückengraben
Vorbein
Passow
Görmin
Nehringen
Medrow
Drosedow
Trissow
6
Trantow
Loitz
Alt Jargenow
Toitz
Annenhof
Peene
Kuntzow
Trebel
Volksdorf
Groß Methling
Nossendorf
Seedorf
Zeitlow
Alt Plestlin
Sophienhof
Bentzin

A
B
C
1
2
3
4
5
6
5km
Varnkevitz
Kap
Putgarten
Nonnevitz
Fernlüttkevitz
Mattchow
Gramtitz
Lancken
Starrvitz
Dranske
Altenkirchen
Wieker
Bodden
Wiek
Breege
Drewoldke
Bohlendorf
Breeger
Bodden
Schmantevitz
Dornbusch
Hünengräber
Kloster
Grieben
Libben
Bischofsdorf
Vitter
Bug
Rassower Strom
Vieregge
Schaabe
Vitte
Insel
Bodden
Breetzer
Bodden
Hochilgor
Neuenkirchen
Laase
Großer
Jasmund
Hiddensee
Retelitz
Granskevitz
Libnitz
Tetzitzer See
Schaproder
Neuendorf
Trent
Neuendorf
Tribbevitz
Bodden
Schaprode
Rappin
Öhe
Udarser
Wiek
Hünengräber
Venz
Kartzitz
Schweikvitz
Silenz
Gagern
Kluis
Patzig
Natur-
park
Koselower
See
Haide
Gellen
Ummanz
Dorfkirche
Waase
Gingst
Pansevitz
Ramitz
Thesenvitz
Bock
Freesenort
Wusse
Ummanz
Boldevitz
Parchtitz
Rügen
Steinshof
Muglitz
Pramort
Barhöft
Lieschow
Groß Kubitz
Neuendorf
Wendisch Langendorf
Heuwiese
Unrow
Platvitz
Klausdorf
Kubitzer
Bodden
Dreschvitz
Groß Kubbelkow
Hohendorf
Liebitz
Landow
Güttin
Tilzow
Groß Mohrdorf
Rügen
Sehlen
Muuks
Prohn
Breesen
Grabitz
Rothenkirchen
Negast
Ketelshagen
Parow
Rambin
Samtens
Karnitz
Altenpleen
Preetz
Kramerhof
Barnkevitz
Kasnevitz
Neuenpleen
Schmedshagen
Scharpitz
Gotemitz
Fusch-Bge
Berglase
Duvendiek
Krönnevitz
Altefähr
Jarkvitz
Frankenthal
Zansebuhr
STRALSUND
Groß Stubben
Garz/Rügen
Niepars
Rathaus
Nikolaikirche
Deutsche Alleenstraße
Museum
Marienkirche
Gustow
Wulfsberg
Pantelitz
Poseritz
Dumsevitz
Martensdorf
Langendorf
Hünengräber
Benz
Swantow
Hünengräber
Pütte
Drigge
Sissow
Silmenitz
Zimkendorf
Lüssow
Prosnitz
Venzvitz
Mellnitz
Groß Schoritz
Borgwallsee
Neu Lüdershagen
Glutzow Siedlung
Zudar
Devin
Niederhof
Neuhof
Losentitz
Zicker
Poppelvitz
Nienhagen
Negast
Zarrendorf
Brandshagen
Stahlbrode
Glewitz
Zudar
Wendorf
Oberhinrichshagen
Palmer
Steinhagen
Krummenhagen
Ahrendsee
Reinberg
Elmenhorst
Hanse-Route
Falkenhagen
Grün Kordshagen
Bookhagen
Deutsche Alleenstraße
Windebrak
Behnkendorf
Miltzow
Abtshagen
Hildbrandshagen
Reinkenhagen
Insel Riems
Riemserort
Eichholz
Sievertshagen
Wittenhagen
Mannhagen
Jeeser
Gristow
Kirchdorf
Ungnade
Glashagen
Karrendorf
Stoltenhagen
E251
E22
96
105
194
Trent
56
23
25
29
31
18
113
114

D
E
F
1
2
3
4
5
6
Trelleborg 4h
Lohme
Gr. Stubbenkammer
Nardevitz
Königsstuhl
Kl. Stubbenkammer
Ruschvitz
Nipmerow
Nationalpark
Hagen
Hünengräber
Baldereck
Bobbin
Neddesitz
Piek-B.
Polchow
Jasmund
Rusewase
Jasmund
Hünengräber
Sagard
E251
96
Sassnitz
(25)
Hünengräber
96b
E22
Dubnitz
Rønne (Bornholm) 3½h
Lietzow
28
Neu Mukran
Klaipėda 18h
Kleiner
Rügen
Jasmunder
Schmale Heide
Eisenbahn- und
Technik-
Museum
Prorer
Wiek
OSTSEE
Stedar
Pulitz
Bodden
Prora
Buschvitz
196a
Bergen auf Rügen
Streu
Lubkow
Erlebnisbad
Karow
Schmachter
See
Binz
Granitz
Jagdschloss
Granitz
Sellin
196
Zirkow
Neklade
Dolgemost
27
Serams
Medow
Selliner
See
Lancken-Granitz
Baabe
Hünengräber
Preetz
21
Deutsche
Alleenstr.
Seedorf
Vilmnitz
Putbus
Lauterbach
Biosphärenreservat
Göhren
Neu Reddevitz
Having
Middelhagen
Alt
Redewitz
Lobbe
Neukamp
Vilm
Südost-
Gager
Mönchgut
Swinoujście (Swinemünde) 4h
Groß Zicker
Klein Zicker
Rügischer Bodden
Rügen
Thiessow
Südperd
Greifswalder
Oie
Greifswalder
Bodden
Ruden
Karlshagen
Struck
Historisch-technisches
Informationszentrum
(Raketenbau)
Spandower-
hagener
Wiek
Spandowerhagen
Lubmin
Koos

Palmer Ort
A
114
B
C
Greifswalder
Bodden
5km
Ruden
Putbus
Insel Riems
Koos
Gristow
Insel Koos
Karrendorf
Mesekenhagen
Kooser B.
Wampen
Neuenkirchen
2003
Wackerow
Marienkirche
Wieck
Dom
St. Nikolai
GREIFSWALD
Eldena
Klosterruine
Ludwigsburg
Loissin
Gahlkow
Vierow
Lubmin
Brünzow
Neuendorf
Kemnitz
Friedrichshagen
Heilgeisthof
Hinrichshagen
Ungnade
Helmshagen
Subzow
Weitenhagen
Diedrichshagen
Kemnitzerhagen
Hanshagen
Struck
Spandowerhagener Wiek
Spandowerhagen
Freest
Peenemünde
Kröslin
Nonnendorf
Voddow
Hoher B.
Wusterhusen
Pritzwald
Gustebin
Stielow
Rubenow
Ziese
Ziesebruch
Rappenhagen
Neu Boltenhagen
Kühlenhagen
Jägerhof
Lodmannshagen
Netzeband
Wolgast
St. Petri-Kirche
Groß Ernsthof
Schalense
Katzow
Pritzier
Hohendorf
Sestelin
Grubenhagen
Hanse-Route
Dargelin
Alt Negentin
Groß Kiesow
Behrenhoff
Sanz
Kessin
Krebsow
Gladrow
Wrangelsburg
Lühmannsdorf
Brüssow
Buddenhagen
Hohensee
Göslow
Stresow
Müssow
Klein Kiesow
Moeckow
Radlow
Züssow
Zarnekow
Steinfurth
Zemitz
Kammin
Dargezin
Dambeck
Thurow
Karlsburg
Schloss
Wahlendow
Pulow
Schmoldow
Kuntzow
Bandelin
Kölzin
Gribow
Oldenburg
Ranzin
Pamitz
Bömitz
Buggow
Neuendorf
2001
Gützkow
Groß Bünzow
Rubkow
Krenzow
Zarrenthin
Breechen
Owstin
Groß Jasedow
Klein Bünzow
Jarmen
Pentin
Schmatzin
Schlatkow
Daugzin
Murchin
Lüssow
Konsages
Wasserschloss
Quilow
Groß Toitin
Priemen
Salchow
Ziethen
Klein Toitin
Kagenow
Pätschow
Groß Polzin
Menzlin
Relzow
Wilhelminenthal
Liepen
Peene
Neetzow
Stolpe
Völschow
Preetzen
Plötz
Kadow
Klein Below
Dersewitz
Grüttow
Marienkirche
Anklam
Jagetzow
Steinmocker
Wussentin
Tramstow
Görke
Gramzow
Krusenfelde
Medow
Butzow
2002
Pritzenow
Krusenkrien
Postlow
Gellendin
Krien
Brenkenhof
Blesewitz
Woserow
Auerose
Nerdin
Lüskow
Pelsin
Wietzow
Bartow
Thurow
Sanitz
Neuenkirchen
Alt Teterin
Dargibell
Below
Wegezin
Iven
ehemalige Festung
Müggenburg
Neu Kosenow
Klempenow
Neuendorf B
Breest
Janow
Dennin
Stretense
Spantekow
Peene-Südkanal
Panschow
Rossin
Burow
Großer Landgraben
Japenzin
Drewelow
Wusseken
Ducherow
Kölln
Rehberg
Rebelow
Sarnow
Hellberg
Borntin
Schmuggerow
Rathebur
Weltzin
Wodarg
Siedenbollentin
Ramelow
Schwerinsburg
Glien
Kessin
Werder
Schwanbeck
Dishley
Boldekow
Zinzow
Putzar
Löwitz
Grapzow
Putzarer See
Beseritz
Bresewitz
Landgraben
Grischow
Dahlen
Schwichtenberg
Sandhagen
Kleiner Landgraben
Brunn
116
Friedland
Klockow

D
E
F
1
2
3
4
5
6
OSTSEE
Neu Mukran 4h
Malmö 4-9h
København 8h
Ystad 7h
Rønne (Bornholm) 6h
Pommersche Bucht
Zatoka Pomorska
Karlshagen
Trassenheide
Zinnowitz
Zempin
Bannemin
Krummin
Streckels-B.
60
Koserow
Kölpinsee
Neuendorf
Loddin
Ückeritz
Lütow
Naturpark
Achterwasser
Warthe
Lieper Winkel
Grüssow
Liepe
Usedom
Pudagla
Schmollensee
Bansin
Bansin Dorf
Heringsdorf
Sellin
Benz
Balm
Dewichow
Rankwitz
Neppermin
Kückels-B.
Reetzow
Gothensee
Ahlbeck
ŚWINOUJŚCIE
SWINEMÜNDE
Morgenitz
Mellenthin
Labömitz
Korswandt
Wolgastsee
Ulrichshorst
Katschow
Kachlin
Görke
Zirchow
Golm
Kutzow
Garz
Paprotno
Kamminke
Dargen
Gummlin
Stolpe auf Usedom
Usedom
Krienke
Suckow
Wehrland
Waschow
Lassan
Buggenhagen
Jamitzow
Großer See
Klotzow
Gellenthin
Zecherin
Usedomer See
Welzin
Karnin
Wilhelmshof
Karniner Brücke (Mittelteil)
Kamp
Peenestrom
Krumminer Wiek
Gnitz
Stettiner Haff
Świnoujście (Swinemünde)
POLSKA
Rosenhagen
Busow
Bugewitz
Leopoldshagen
Mönkebude
Kalkstein
Grambin
Ueckermünde
Schloss
Tierpark Ueckermünde
Liepgarten
Bellin
Warsin
Vogelsang-Warsin
Siedlung Altwarp
Altwarp
Altwarper Binnendünen
Nowe Warpno
Neuwarper See
Luckow
Rieth
Garzberge
Neuendorf A
Lübs
Heinrichshof
Annenhof
Zarow
Meiersberg
Hoppenwalde
Uecker
Altwigshagen
Louisenhof
Sprengersfelde
Blumenthal
Eggesin
Torgelow-Holländerei
Eggesiner Teerofen
Sperrgebiet
Ahlbeck
Ferdinandshof
Aschersleben
Klein Gumnitz
Gr.-Mützelburger See
Gegensee
111
110
E65
25
30
34

LEGENDE REISEATLAS

Autobahn mit Anschlussstelle und Anschlussnummer	Idstein 45 Viernheim	Motorway with junction and junction number
Autobahn in Bau mit voraussichtlichem Fertigstellungsdatum	Datum Date	Motorway under construction with expected date of opening
Rasthaus mit Übernachtung · Raststätte	Kassel	Hotel, motel · Restaurant
Kiosk · Tankstelle		Snackbar · Filling-station
Autohof · Parkplatz mit WC	P	Truckstop · Parking place with WC
Autobahn-Gebührenstelle		Toll station
Autobahnähnliche Schnellstraße		Dual carriageway with motorway characteristics
Autobahn oder autobahnähnliche Schnellstraße in Planung		Motorway or dual carriageway with motorway characteristics, projected
Fernverkehrsstraße		Trunk road
Hauptverbindungsstraße		Important main road
Verbindungsstraße		Main road
Nebenstraßen		Secondary roads
Fahrweg · Fußweg		Carriageway · Footpath
Gebührenpflichtige Straße		Toll road
Straße für Kraftfahrzeuge gesperrt		Road closed for motor vehicles
Straße für Wohnanhänger gesperrt		Road closed for caravans
Straße für Wohnanhänger nicht empfehlenswert		Road not recommended for caravans
Autofähre		Car ferry
Hauptbahn · Bahnhof · Tunnel		Main line railway · Station · Tunnel
Autozug-Terminal		Autorail station
Besonders sehenswertes kulturelles Objekt	Neuschwanstein	Cultural site of particular interest
Besonders sehenswertes landschaftliches Objekt	Breitachklamm	Landscape of particular interest
Landschaftlich schöne Strecke		Route with beautiful scenery
Touristenstraße	Hanse-Route	Tourist route
Museumseisenbahn		Tourist train
Kirche, Kapelle · Kirchenruine		Church, chapel · Church ruin
Kloster · Klosterruine		Monastery · Monastery ruin
Schloss, Burg · Burgruine		Palace, castle · Castle ruin
Turm · Funk-, Fernsehturm		Tower · Radio or TV tower
Denkmal · Soldatenfriedhof		Monument · Military cemetery
Ruinenstätte, frühgeschichtliche Stätte · Höhle		Archaeological excavation, ruins · Cave
Hotel, Gasthaus, Berghütte		Hotel, inn, refuge
Campingplatz · Jugendherberge		Camping site · Youth hostel
Schwimmbad, Erlebnisbad, Strandbad · Golfplatz		Swimming pool, leisure pool, beach · Golf-course
Sonstige bedeutende Objekte		Other important objects

5 km